U0837545

名师名校名校长

凝聚名师共识
固态名师关怀
打造名师品牌
培育名师群体

顾明远题

做一缕微光 伴一路成长

——教育路上的思与行

李光星 / 著

中国出版集团 现代出版社

课本，记录了李老师的成长，更倾注了他的青春与心血。每次课后，总是看到有三三两两的学生围在李老师身旁，听着他进一步地耐心讲解，这几乎成了我见到他时最熟悉不过的画面。每次测验考试，李老师从不让试卷过夜，不管多晚，总是连夜批阅完毕。第二天上课，学生看到自己的卷子，就连细小的错误也已经被准确地标注出来，学生知道，李老师又度过了一个不眠之夜。

李老师在付出的同时，也收获着幸福，他所教班级的数学成绩总是遥遥领先，名列前茅。让我印象最深的，还是级部在每次考试后召开的质量分析会。每当读到李老师的时候，台下都会不约而同发出赞叹声，因为他的成绩不是好，而是太好了，有时竟然超出第二名的班级十几分。“为师者，唯匠心以致远，当臻于至善。”李老师正是用这种精益求精的匠人之心，怀揣着满腔热爱，把整个身心都融入对事业的不懈追求当中。

李光星老师自 2005 年以来，一直担任班主任，由于工作需要，一度担任两个班的班主任。十八年的班主任之路，有艰辛，也有收获。他用自己踏踏实实的付出，增加了班主任这个称号的温度和厚度：清晨 6 点，他已来到教室迎接学生到班；中午 12 点 30 分，他又准时到宿舍查看学生午休；晚上 10 点多，他才刚刚查完晚休，走在回家的路上。李老师常说，有阳光般的教师，才有快乐成长的学生，我们不仅要做学生的老师，更要做学生的朋友。他和学生的关系也特别融洽，学生不管是在学习上还是在生活中遇到问题，都愿意找他去倾诉，他成了学生最信赖的那个人。

序言

师者如光　微以致远

我的同事、好友李光星老师，现为新泰一中北校数学老师、班主任、备课组长，自山师毕业走上三尺讲台后，他便与教育结下了不解之缘。“木铎之心，素履之往。”近二十个春秋冬夏，他始终怀着一颗赤诚淳朴之心，把自己的青春和心血默默挥洒在一中校园的每一寸沃土上，在日复一日、年复一年的平凡教学中，描绘出一幅幅动人画卷，书写出一首首奋进诗篇，他让无数学生从幼稚走向成熟，他用生命的火炬照亮了学生们未来的道路。

记得与李老师相识是在十几年前，那时我们在同一级部任课，班级相距不远，慢慢地就熟悉起来了。平时在办公室，时常听同事们谈起李老师，大部分都是在说他有多么敬业，他的教学成绩有多么突出一类的内容。确实如同事们所说的一样，李老师对待工作的认真态度，不得不令人敬佩。他是个特别严谨细致的人，尤其是对待教学更是追求完美，就拿他的备课本来说吧，除了工工整整的备课外，他还用密密麻麻的小字记着要提问谁、如何与前面知识衔接、上课后的反思等。一本本备

李老师很喜欢一张照片，那是学校在操场召开表彰大会时，他作为优秀班主任代表，上台发言时拍的。照片里，金子一样细碎的阳光洒在李老师身上，下面还有一行小字，“追光而遇，沐光而行”。李老师可不就是这样，享受生命里的每一次努力，坚守阳光，微笑前行。“最受学生爱戴的老师”“师德标兵”“优秀班主任”……一张张证书，不就是李老师走过的一个个最美的足迹吗?!

初春的校园，花香沁人，生机勃勃。晚自习后，我漫步在校园中，忽然一个老师的手机音乐响起：“你是那夜空中最美的星星，照亮我一路前行；你是我生命中最美的相遇，你若安好便是晴天。”多么动听的旋律，李老师就像校园里的熠熠星光，照亮校园，温暖学生内心。是的，学生有幸遇到这样优秀的教师，我也有幸遇到这样难得的好友，让我们共沐春光，永远同行。

新泰市第一中学教师　李峰

悟 · 教学经验与心得

目 录

践 · 学案教学设计

言

•

育人始于育心

新泰一中北校2022年秋季高一期中考试表彰大会班主任代表发言

尊敬的各位领导、各位老师，亲爱的同学们：

大家好！

首先感谢学校和年级领导对我的信任，让我作为代表发言。

在刚刚结束的期中考试当中，我所带的13班、14班取得了优异的成绩：13班年级前十名2人，重点本科超额5人，普通本科超额3人，14班重点本科超额2人，普通本科完成任务。成绩的取得离不开年级组领导的关心支持，更离不开13班、14班全体师生的共同努力。在此，我把教育我班学生的一些做法向老师、同学们作一下分享。

第一，立下目标，给自己一个成长的理由。

每一颗种子都有成为参天大树的愿望，每一个生命都有不甘卑微的理想。成长的真正动力，在于我们自我成就的强烈愿望，在于我们内心自尊自爱的驱动，在于我们在愿望和自尊驱动下的自觉行动。所以同学们，你是否有自己的目标？古语

云："有志者，事竟成，破釜沉舟，百二秦关终属楚；苦心人，天不负，卧薪尝胆，三千越甲可吞吴。"此联告诉我们成功的关键一个是"有志"，另一个是"苦心"。"有志"是成功的前提，因为有了目标才会有前进的方向。

一个人可以为自己的目标而倾尽全力，这就说明了目标很重要。在 NBA 的赛场上，每位球员都有一颗夺得第一名的心，他们都渴望胜利，渴望第一名。正如 NBA 传奇巨星汤姆贾诺维奇所说的："永远不要低估一颗夺得第一名的心。"第一名是每位球员的目标，是他们的梦想，是他们前进的方向。这就是为什么在 NBA 赛场上经常出现人仰马翻、头破血流的激烈场面，因为他们每球必争，纵使精疲力竭、遍体鳞伤，也要捍卫胜利！这就是目标的强大，目标是如此重要！

作为高中生的我们，是不是也要有自己的目标呢？长期目标，如我将来要上哪一所 985 或 211 大学，或者我要立志将来从事哪一个行业；短期目标，如我期末考试要考到全年级多少名，我的数学要考到多少分。如果你还没有，那请尽快确立一个，因为只有在确立学习目标后，你对自己的学业才有清晰的认识，才能依据目标制订具体的计划并认真实施计划，为实现更远大的梦想奠定基础。

第二，持之以恒，为自己的梦想再进一步。

坚持是毅力，坚持是灵魂，纵览古今成大事者，我们会发现，无数成功人士的背后总离不开两个字——坚持。高中学习是一项长期的任务，只有持之以恒，坚持到底，才能不断地从一个台阶上升到另一个台阶。

我经常对我班的学生说，每个人都要有远大的理想或抱

负，并为之做出不懈努力。随着时间的推移，一部分学生学习热情逐渐消退，“三分钟”热度现象出现，开始应付，得过且过，很难坚持下去。但同时我们也能发现，有些学生每天下课会多用五分钟的时间去翻翻书，会早起十分钟到教室背背知识点，每天坚持问老师一个问题，虽然感觉这些努力微不足道，但坚持下去也许会产生很大的影响。

马云曾说：“很多人比我们聪明，很多人比我们努力，为什么我们成功了，我们拥有了财富，而别人没有，一个重要的原因是我们坚持下来了。”我给我的学生讲过我国著名乒乓球运动员邓亚萍的故事，在国家队的时候，她每天都要比别人晚结束训练。她的教练有一个小本子，他说，邓亚萍每天坚持多练 40 分钟，再算上周末不休息继续练球，她一年比别人多练 18 天。正是因为有了这些刻苦训练的基础，当她站在球场上的时候，才更有底气。用邓亚萍的话说：我比你付出得更多，凭什么不赢你！

所以同学们，一定要坚持、坚持、再坚持，不论多苦多累，这些坚持终究会成为你在高考中自信的筹码，让你在最后的高考中成为黑马，毕竟努力坚持的人运气总不会太差。

第三，严于律己，给自己一个无悔的青春。

有自律，才能拒绝平庸。朱熹曾说：“不奋发，则心日颓靡；不检束，则心日恣肆。”一个人不努力、不约束自己，便会颓废，随波逐流。所以每个学生都应做到严于律己，活出自己的精彩人生。自律不是为别人，是对自己负责，是为了让自己不会碌碌无为，如果不愿忍受平庸，那便忍受自律之苦。自古就有孙敬与苏秦的“头悬梁，锥刺股”，他们的功成名就，

是因为他们的自律，他们清楚自己需要的，能以足够的自律来鞭策自己。

作家赫胥黎说过："时间最不偏私，给任何人都是二十四小时；时间也最偏私，给任何人都不是二十四小时。"每个人每天都是同样的24小时，唯一不同的就是如何利用时间。在相同的24小时里，自律的人往往更优秀。2019年，"00后"女孩王琢，5岁入学，9岁读初中，15岁考入电子科技大学，18岁便保研北大。小小年纪就取得如此令人艳羡的成绩，靠的是自律。王琢从小就养成了争分夺秒、把握当下的好习惯。从早上6点起床到晚上凌晨1点休息，她从未降低过对自己的要求，除了固定的学习课程外，还有清晨的晨跑与朗读、午睡前的古诗词背诵、晚上的睡前读物……正是这般自律，王琢才取得了如此优异的成绩。2020年高考，湖南慈利县一对双胞胎兄弟赵稞和赵棣，分别以687和685的高分，考上清华和北大。好成绩不靠天赋，他们的班主任说："是自律成就了兄弟俩。"兄弟俩将所有时间都放在了学习上，不用手机，不玩网游。在短暂的课余时间，打乒乓球成了他们缓解压力、放松心情的唯一方式。兄弟俩在学习上，你追我赶，一路拼搏奋斗，一路追求优秀。

所以同学们，那些成绩优异的学生，不是因为他们有多聪明，智商有多高，而是他们比你们背了更多的书，做了更多的题，才能考上重点大学。学习贵在自觉自律，珍惜和把握时间，努力奋斗才能有所成就！

同学们，正如郭沫若先生所说："勤奋和智慧是开启成功大门的钥匙。"无论我们处在哪个学习阶段，我们都应该努

力，抓住这段易逝的光阴，好好把握，脚踏实地，刻苦学习，用辛勤和汗水铸就美丽人生，用拼搏去书写无悔的青春！最后，祝愿各位同学都能在期末考试中取得理想的成绩！

谢谢大家！

写给高三学生的一封信

——逆行而上，你我坚强

亲爱的同学们：

我们被封闭在学校的第一周已经过去了，想想日子过得还真快呀。当疫情形势变得严峻时，我们每一个人都没有置身事外，而是变成了勇敢的逆行者。在 3 月 27 日那一天，我们带着兴奋，带着自豪，还有为高考拼搏的宏伟抱负，挥手告别家人，走进了我们日夜学习和生活的最熟悉的场所——学校。

不是你战胜生活，就是生活将你压碎，封校就像一块试金石，让我们每一个人都成了被锤炼的兵器。离开舒适的家独自面对集体生活是捶打，从容面对紧张而繁忙的备考节奏是捶打，克服焦躁不安的情绪高效地学习是捶打，只有扛得住无数次的捶打和敲击，我们才能变得锋利无比，才能在高考的战场上亮剑而行。

优等的心，不必华丽，但必须坚固。在这个特殊时期，你我皆是坚强的逆行者，我们必须拥有一颗坚固的心，然后才能让自己成为优秀的人。优秀从来没有远离我们，关键是我们想不想让自己成为优秀者。如果想的话，那么，请你做到：当焦

躁时，管理好自己的情绪，做一个理性思考者；当浮躁时，低下头俯下身子，做一个沉思苦干者；当迷惘时，想想自己的人生目标，做一个坚定追求者；当懈怠时，抬头看周围的努力者，做一个奋力直追者；当消沉时，走出教室追逐春光，做一个昂扬不屈者。如此，我们还怕什么？我们还苦恼什么？我们还犹豫什么？我们要脱去那华丽的皮囊，在奋战的日子里，变得坚强而坚定，让自己优秀一生，辉煌一生。

凡是过去，皆为序曲。疫情会过去，美好会开启；高考会来临，我们会成功。你想让这春天的经历变成你美好的回忆吗？那就请你好好珍惜这段时间吧，珍惜每一个有班主任陪伴的披星戴月苦读的早晨，珍惜每一个有教师指导的聚精会神听课的白天，珍惜每一个有同龄人相聚的伏案书写的夜晚。你奋斗了，就会感觉这段日子是充实的；你付出了，就会觉得自己是伟大的；你真心对待了日子，日子就会回馈你丰富的回忆。高考前的序曲，如果你用真心和努力去弹奏，那么乐曲会在六月的战斗中达到高潮。

最困难之时，就是离成功不远之日。同学们，在离高考还有两个月的关键时刻，老师们会始终陪伴在你们身边，与你们共同面对当下的困难，共同迎接更大的挑战。相信在接下来的日子里，我们师生会做最勇敢的逆行者，团结一心，携手共进，去创造六月的辉煌。

开学典礼代表发言

尊敬的各位领导、老师，亲爱的同学们：

大家上午好！

时维九月，序属三秋，大地流金，万物呼晴。告别了炎夏的不安与躁动，凉爽宜人的秋天向我们展开了笑颜；告别了假期的安静与沉寂，期待的校园又充满了欢声笑语。新学期的开始，带着希望，带着憧憬，怀着激动，怀着兴奋。此刻我们汇集在一起，迎来了新学期的开学典礼。我为能够站在这里代表新泰一中北校全体教师发言，感到非常荣幸！

作为教师，我们早已做好准备，我们愿倾我们所有，全力以赴。选择了这个职业，就注定我们的梦想、荣誉都与你们连在了一起，你们是幸福的，我们才是快乐的；你们是进步的，我们才是欣慰的；你们是成功的，我们才是优秀的。

高一的同学们，你们在军训场上的飒爽英姿告诉我，你们已告别了无知无畏的懵懂少年，成为激情满怀、斗志昂扬的真心英雄；新泰一中北校是你们明智而无悔的选择，也是你们圆梦的场所。在此我送给你们一句话：优秀是一种习惯。所以我们从现在起就要把优秀变成一种习惯，使我们的优秀行为成为

我们的习以为常，让我们习惯性地去认真做事情、习惯性地去创造性思考。

潮落潮起，花谢花开，承前启后，继往开来。高二的同学们，你们准备好了吗？高二是一个多梦的季节，高一时的雄心壮志，在慢慢消退，高考的紧迫感也还没有那么剑拔弩张。但是你们须知：奋力攀登，绝顶风光无限美；故步自封，前功尽弃徒悲伤。珍惜现在的点点滴滴，珍惜你珍贵的少年时，在书山上辛勤跋涉，在学海中快乐行舟。

对于高三的同学们来说，从此刻起每一位同学都有了一个新的名字：高三的战士。高考的战火已被点燃，高考的号角已经吹响。我们一中北校犹如神舟飞船的发射场，而你们，就像一枚枚蓄势待发的神舟火箭，矗立在巍峨的发射塔架上。九个月之后，你们将呼啸着、轰鸣着、升腾着，带着你们的梦想翱翔长空！

作为高三老师，我有几句心里话想跟高三的同学们分享。

高三生活辛苦是常态。晨曦出现第一缕阳光之前，你们已经在教室里琅琅读书；晚霞收起最后一抹嫣红之后，你们依然在教室里专注地做题；夜空中，几颗小星星眨着困倦的眼睛时，你们晚自习的身影仍然映在教室的窗上。“自古英雄多寂寞”，选择了高三，就选择了寂寞，当然还有常常袭来的困惑。困惑可能来自某个数学题目，可能来自某个英语单词，也可能来自语文课上对某段古文的理解，更可能来自不知道自己脚下的路通向何方。面对这些强敌，同学们，你们的手中有三样法宝。第一个法宝就是坚定信念，拼搏奋斗。坚定信念是勇士前行的动力，只要你心怀坚定信念，你将无畏任何困难、任

何挫折。一个人的信念就是一把利剑，可以助你披荆斩棘，所向披靡。这把利剑需要烈火的淬炼与锻造，而高三艰苦的学习生活，就是那一炉熊熊烈火。第二个法宝就是耐得住寂寞。我们要像柳宗元笔下“独钓寒江雪”的“孤舟蓑笠翁”一样，耐得住“千山鸟飞绝，万径人踪灭”的寂寞。能在寂寞中完成使命的人才是真正有大志的人。第三个法宝就是坚持不懈。坚持就是胜利。我特别欣赏一句话：人类最盲目自大的地方，就是高估了一天的改变；最可悲的地方，就是低估了几个月的改变。每天都要进步一点点，因为积少能成多，滴水能穿石，只要坚持走下去，远山终会变成近景。

同学们，作为教师，我们会一直爱护你们，犹如对自己的子女。这种爱护有时是一种贴心的问候、抚慰，有时会是严厉的批评和警醒，可是不管出于何种方式，那都是一种爱的表达。我们会一直支持你们，就像支持我们的挚友；我们会一直陪伴你们，就像陪伴我们的亲人，我们会陪你们度过寒冬，经历酷暑，直到你们凯旋那一刻。

高一的新生们，高二的同学们，高三的勇士们，“黄沙百战穿金甲，不破楼兰终不还”，这应该成为我们坚定的信念；“千淘万漉虽辛苦，吹尽狂沙始到金”，这应该成为我们奋斗的历程；“海到无边天作岸，山登绝顶我为峰”，这应该成为我们终极的目标；“春风得意马蹄疾，一夜看尽长安花”，这应该成为我们胜利后的喜悦。我相信，现在的每一滴汗水和每一份付出，都会交织成那绚丽的双翼，让我们破茧而出，在梦想的舞台上，绽放异彩。那时，所有的辛酸和悲痛都将被胜利的光芒掩盖，我们的笑脸将比骄阳更灿烂！

最后预祝每一位新泰一中北校的同学都能梦想成真，金榜题名，祝愿我们新泰一中北校的明天更加辉煌！

谢谢大家！

思

·

班主任工作漫谈

班主任经验之“严”字当头，师生共勉

著名教育家叶圣陶先生说过：教育是什么？往简单了说，只有一句话，就是养成良好的习惯。所以，在人生的关键阶段，让学生培养起良好的习惯是至关重要的，而习惯的养成就得要依靠严格的管理。班主任在教学与管理方面，都应严格要求学生。

首先，从思想教育方面入手，严格落实班级各项规章制度。

从思想教育方面入手，着重抓学生的集体观念和人生理想建设。从大处着眼，从小处入手，切实让每一个学生明白自己身处在一个集体之中，应当遵守这个集体的每个规章制度，培养学生集体主义荣辱观，让每个学生都知道自己的一言一行所体现的不只是自己的行为，更体现了自己所在班级的精神风貌，也会直接影响自己将来的理想实现情况。根据学校的规定和纪律，我又细化了班级管理制度。比如，在班级自习这一块，我把前后位的六个人分成一组，并且指定一名纪律小组长，这六个人上自习的纪律就由小组长负责，并且进行分数量

化，这样，班级的自习纪律就得到了有效的控制。另外，班级活动、卫生、宿舍晚上的熄灯等问题我都指定专人负责，让每一个学生都有任务，每一个学生都感到自己是班级的主人，是被管理者，同时也是管理者，真正让班级纪律深入每一个学生心中，共同维护班级秩序。

班级规章制度制定好就要抓落实了，这也是我认为做得比较好的地方。大家都知道，班主任需要有一双敏锐的眼睛，要能看到班级中好的苗头，也能发现不足的地方。比如，我早晨一进入教室，就发现昨天的黑板没有擦干净，我接着找到卫生委员，找到小组长，然后找出谁干的，一定要让他上来重新擦；当路过一个学生身边，发现他的桌面很整洁，试卷整理得很仔细时，我会当着全班的面，提出表扬；当我查宿舍，看到有学生的床凌乱时，会马上让他整理；当我见到某个学生对教师非常有礼貌，我都会在最短时间内提出表扬。这样的事情很多很多，最关键的一点就是把自己要求的事情，一定落实到位，不能让班级规定只是一张纸。

其次，严格选拔班干部，健全班级体制。

班级组织的建立和健全是班级管理的重要环节，一个班集体的面貌如何，很大程度上取决于班干部的带头作用。只有选拔和培养得力的班干部，班主任工作才能由繁重走向轻松，并提高工作效率，取得事半功倍的效果。班干部不一定是班里学习成绩最好的，也不一定是班里最高大的，应该是最有能力的。我选班干部分三步：第一步，让学生自我推荐；第二步，给他两个月的试用期；第三步，结合试用期的表现和大家的民主投票最终产生班干部。这样选出来的班干部有威信、有能

力。选出之后，还需要精心对他们培养，鼓励他们大胆开展工作，指点他们工作方法，要求班干部在学习和能力上要有进步，成为全班同学的带头人，成为班主任的左右手。

最后，为人师表，严格要求自身，不断完善自我。

“其身正，不令而行；其身不正，虽令不从。”这说明，作为一名班主任，时时刻刻要注意自己的品格、学识、涵养，因为这些都会对学生产生潜移默化的影响。特别是要注意一些细节，不要自己觉得没什么、无所谓，其实学生的眼睛一直盯着自己。我就听到过这样的议论：“要求我们不迟到，可他不是打铃了才匆匆进教室?”“要我们抓紧时间学习，可他做事不也一样拖拖拉拉?”“要我们书写工整，可瞧他的板书……”所以作为班主任，我总结出，要求学生做到的事情，自己必须做到。在我的工作中，我每天早早来到学校，看到地上有垃圾，我总是捡起来；学生跑操，我总是和学生一起，这种躬亲示范的教育，要比天天喊口号强很多，而这也是为人师表的内涵所在。不论作为班主任还是作为任课教师，不断学习和自我提升对于工作和教学都至关重要，有句话“学生需要一碗水，教师就要有一桶水”，这正是说明了学习的重要性。俗话说，众人是圣人。为了提高工作效率，多与身边有经验的老班主任交流，取长补短，是最有效最直接提升自己能力的方法。所以只要我们努力提高自己的教学管理水平和思想境界，以自己的人格魅力来感染学生，就能获得意想不到的收获。

论班主任管理——班级中的分层管理

所谓班级分层管理是以人文主义心理学为指导，以“因材施教”为基本原则，对学生进行分层次管理的一种班级管理模式。之所以实行班级分层管理，是基于高中班级中存在个性特点不同的学生，因为个性差异，所以要使每个学生在最适合自己的学习环境中求得最佳发展，班级管理就应该依据每个学生的实际情况进行。分层管理理念就是从该实际情况出发，从而让每个学生都可以在班级中找到归属感和成就感。下文将从四个方面进行系统性的阐述分析。

一、班级分层管理的理论支持

传统的班级管理是将学生以统一的标准进行教育管理，这种管理方式容易出现个别十分优秀的人才，却存在产人才率低等问题；而分层管理能对不同层次的学生进行教育管理，有效地避免了传统班级管理存在的不足。分层管理相较于传统式的班级管理方式而言，更接近“以人为本”的教育理念，人文主义心理学认为，教育的对象是完整的人，而人是认知、行为和情感密不可分的统一体。教育必须以该统一体作为对象进行

研究，重视人的价值、情感和潜能。分层管理就本着“人文主义”的思想，尽最大努力帮助和指导学生，使每个层次的学生都能得到最大程度的发展。

二、实行班级分层管理的原因

分层管理在班级管理中的应用具有其必要性，这主要基于两方面的需要。

1. 基于学生个性特点的需要

处于高中阶段的学生，他们已经具备了一定的独立思想和自我管理能力，其身心也已经越来越成熟。但是每个学生的个体发展速度和程度都具有一定的差异，因此根据学生的个体差异性，可以将学生分成不同的层次，采取不同的教育管理方法，因材施教。学生的个体差异包括知识水平的差异、学习能力的差异、性格的差异以及家庭环境的差异等。教师根据班级学生的情况，进行适当的分层管理，在高中班级中具有十分深远的教育意义。

2. 基于班级发展的需要

在传统的班级管理模式下，班主任不仅要负责常规的教学工作，还要处理班级中各种大大小小的琐碎事情，经常应接不暇，传统的管理方式极大地限制了学生的自主管理能力，也会使学生产生负面情绪、抵触心理。而分层管理能在一定程度上减轻班主任的管理压力，不仅有利于班主任统筹管理班级事务，还有利于学生真正成为班级的管理者和建设者。分层管理有效地提高了班级管理水平。

三、班级分层管理的优越性

1. 有利于提升学生的自主意识

传统管理下，部分学生会因为自制力较差，学习成绩起伏不定，再加上各种心理波动，进而导致拒绝和教师进行良好的沟通，严重情况下会产生一系列的心理问题。分层管理在班级管理中的应用，有利于学生自行管理自己，与同层次的同学找到更多的共鸣点，有利于自身发展。

2. 有利于增强学生的适应能力

相较于传统的班级管理方式，分层管理具有更加灵活、变通性强的特点。根据不同情况的学生，采用不同的管理方式，学生在这种管理方式下，可以很好地调整自己的心态，能促进学生更快更好地融入班集体。分层管理对于学生来说可以说是量身定做，因此学生可以快速适应新的管理方式，也不会产生厌倦感。

3. 有利于班级的健康持续发展

分层管理模式既减轻了班主任的工作负担，也增加了学生的集体感。班主任可以从烦琐的班级事务中解脱出来，着重处理对学生和班级影响较大的事情；学生真正融入班集体，增强其集体荣誉感。在班主任和学生的共同努力下，班级一定会向着越来越好的方向发展。

四、分层管理在班级中的具体措施

1. 管理权限的分层

班主任要善于将班级管理权力分散到班集体中，建立有层

次的班级管理体系。班委会是班主任的领导下属，班主任要发挥班委会的职能作用，组建一支高素质、能力强的班委会。班主任可通过各种途径了解学生，选择具有能力的班干部。班长是在班主任的直接领导下进行工作的，班主任要适当下放权力让班长来进行班级管理。在分权于班干部的同时，班主任也要加强对班干部的监督和指导，带领班干部一起解决问题。

2. 面对不同层次的学生施加不同的力

根据知识水平和学习能力，大致可以将学生分为三个层次，依次为优等生、中等生和后进生。不同层次的学生需求不同，班主任在进行班级管理时，要把握不同层次学生的特点，进而实施有效管理。要积极鼓励优等生带动其他学生一起进步。中等层次的学生在班级占比较大，可以将其视为重点关注对象，予以重视。只有针对性地采取有效措施，才能真正做好高中班级管理工作。首先，对优等生要采用“带着走”的教育方式，对于一个班级来说，优等生能在课堂上积极配合教师的教学，有利于带动课堂氛围；班主任在教学中采取翻转课堂的形式，优等生可以身先士卒，带动班级学习的主动性；课下优等生也可以帮助其他同学解决学习问题。优等生理解能力强，思维敏捷，学习成绩好，但是这些学生心思细腻，偶尔也会出现心浮气躁的情况，所以在班级管理中班主任主要是带着他们走，在他们出现小的波动时密切注意其思想动向，做好他们的心理指导工作，只需要点到为止，给其指明前进的方向。其次，对待中等生主要采用“拉着走，陪着走”的方式。中等生的学习掌握情况更具有班级典型性，这个群体是班级知识掌握情况的晴雨表。中等生在各方面的发展表现为比上不足，

比下有余，紧紧就能上去，松松就会下来。班主任对待中等生，应该拉他们一把，拉着他们去与优等生赛跑。在他们学习情绪不稳定时，适时地“扶”他们一把，多给点帮助。最后，对于后进生来说，这个层次的学生通常是班级管理的挑战者，所以对他们的管理不能硬碰硬，而应平等地对待和交流，多了解他们的内心世界，从而化解对立冲突的情绪。

以上就是关于分层管理的主要内容。班级是学生成长学习的主要场所，对学生的未来发展有着十分重要的影响。因此，在新的教育教学背景下，适当采取分层管理的班级管理方式，将学生有效合理地划分出不同层次进行管理，对于学生各方面的发展都能起到很好的作用。

班主任经验之关爱学生

高尔基说过：“只有爱孩子的人，他才可以教育孩子。”冰心也说过“没有爱就没有世界”。关心爱护每一个学生是基本的教育原则，也是每位班主任应该恪守的准则。一个班级，关起门来就是一个大家庭，如果班主任善于接近学生、体贴和关心学生，和他们进行亲密的思想交流，班级工作才会顺利开展。如何营造这种氛围呢？我是这样做的。

第一，“偏爱”学困生。

在班级管理中，我把因为学习成绩较差或者因为家庭原因而处在班级“边缘”的学生称为“学困生”，他们是我重点关注的对象。我努力将自己“与人为善”的爱心和“普遍的友爱”态度倾注给他们，对他们没有丝毫的歧视。在班集体中，我精心营造一种平等、和谐、友爱的气氛，让他们体验集体的温暖和同学间的友谊，让他们感受到自己在班上有一席之地。在上次家长会之前，我班一个学生找到我，用很恳切的语气和我说：“老师，我拜托你个事，别让我爸爸妈妈知道这次开家长会的事情好吗？”说完这些，她的眼泪就流了下来，后来我才知道，她很不愿意让爸爸妈妈知道这次家长会，不想让他们

伤心，并保证她下次一定会考好。我听完后，明白了她的孝心和决心，于是答应了她的请求，后来，她的确考出了好成绩。实际上，每一个学困生都很有潜力，作为班主任，应该付出真心，相信他们，甚至可以大胆吸收这些学生参与班级管理，让他们在管理中克服自身不良的行为习惯。这样不但可以使他们感受到自己在班级中是被需要、被重视的有用人才，同时也会使他们的成绩和性格得到极大改善。

第二，“严爱”优等生。

优等生，谁都爱，因为他们都有自己的一技之长，也许是成绩，也许是性格，也正是这样，优等生的缺点往往容易被忽视、掩盖，被原谅、袒护。但是小的缺点也会造成大的问题，对待这类学生，我从不宠着他们，更不会迁就他们。时时提醒他们“不管做什么都得先做人”，做好学生，不仅是成绩优，更重要的是人品要优，心胸要广，心理要健康。经常被人赞誉的学生，应该警钟长鸣，才能克服自己的缺点，使自己更加完美。去年我教高一的时候，我们校区狠抓上网问题，我班有一个叫腾义前的学生，在班里是数一数二的优秀生，可是有一天，我发现他也和其他学生一样偷跑出去上网，被我发现后，我并没有因为他学习好就对他姑息，而是严格执行回家反省一周的规定，并在班里郑重地宣布这一决定。从那以后，班里的上网问题可以说基本没有了，而这也极大地提高了我的威信。所以作为班主任，严格要求学生，特别是优等生，不能使他们成为只会学习的学生，要严格要求他们，使他们变得更加完美。

不止这些，我还形成两个习惯：第一个习惯是每周至少与

三个学生进行交心的谈话，第二个习惯是每次查晚休我都提前5分钟进宿舍，这两个习惯为我与学生交流提供了很好的平台。因为这样，让我切实知道学生吃得怎样，穿得怎样，住得到底是怎样的情况，只有了解这些情况，才能真正爱护、关怀每一个学生。关心学生，并不需要做什么很大的事情，一句温情的话，一件感动的事，都体现着我们对他们的爱，也会让他们感受到我们的爱。比如，前几天班上的一个学生在坐车返校时把钱弄丢了，我知道后，掏出了身上所带的几十元钱对他说："这些钱你先花着。"最后，他还是谢绝了，可是正是这一句话，使他在周记本上写下了这样的话：我感谢我丢的几十元钱，因为正是这几十元钱，让我知道了我的班主任是我见过的最好的班主任！正所谓："一句话，一辈子，一件事，一生情。"一件小事赢得了他们的尊重、理解，一件小事就让他们更信任我。

我始终坚信"没有爱的教育不能称之为教育"。爱是源泉，爱是力量，爱是智慧，所以我对待每个学生总是像对待一朵玫瑰花上颤动欲滴的露珠一样格外小心。我要走进学生的情感世界，把学生当作朋友，去感受他们的喜怒哀乐。

高中班级文化构建及对学生的影响

高中阶段是学生成长发展的重要阶段，也是学生心理、行为、习惯等方面发展的关键时期。在这个阶段，班级是学生最重要的学习生活场所之一。班级文化的优劣直接影响到学生的学习生活质量。良好的班级文化可以为学生创造良好的学习环境，增强学生的自信心和自尊心，促进学生的交往和情感发展，对学生的学习生活具有积极的影响。因此，如何构建高中班级文化成了一个重要的研究课题。

班级文化是指班级成员共同认可的价值观念、行为准则、思想作风等精神因素的总和。班级文化由班级成员在共同学习生活中逐渐形成，具有相对稳定性和传承性。在高中阶段，班级文化的形成受多种因素影响，包括班主任的教育理念、教育方式、班级氛围、学生个性等方面。构建高中班级文化的策略主要包括以下四个方面。

（1）建立良好的班级氛围。班级氛围是指班级成员共同营造的氛围，包括学习氛围、生活氛围、情感氛围等。班主任可以通过开展各种活动、关注学生的生活和学习情况等方式来营造良好的班级氛围。

（2）培养学生的自我管理能力和自主学习能力。班主任可以通过制定班级管理制度、开展小组合作学习等方式来培养学生的自我管理能力和自主学习能力，从而促进学生更好地适应班级文化。

（3）注重情感教育。班主任可以通过关注学生情感状态、开展情感教育活动等方式来注重情感教育，从而增强学生的情感表达能力，促进班级文化的形成。

（4）发挥学生的主体作用。班主任可以引导学生参与班级管理、开展自我评价等活动，发挥学生的主体作用，从而更好地促进班级文化的形成。

为了进一步探讨高中班级文化对学生学习生活的影响，本研究选取我校两个班级作为研究对象，采用问卷调查和观察法进行研究。问卷调查主要涉及学生的学习态度、人际关系、心理健康等方面；观察法主要观察学生在班级文化和班级氛围等方面的表现。

研究结果表明，良好的班级文化可以为学生创造良好的学习环境，增强学生的自信心和自尊心，促进学生的交往和情感发展，对学生的学习生活具有积极的影响。因此，班主任应该注重班级文化的建设，采取相应的策略，营造良好的班级氛围，培养学生的自我管理能力和自主学习能力，注重情感教育，发挥学生的主体作用，从而更好地促进学生健康成长。

参考文献

[1] 陈理，肖晓玛．高中班级文化建设策略探析［J］．教育研究与实践，2017（1）：70－72.

[2] 王晓红，赵晓梅．高中班级文化建设的策略探讨[J]．教育科学，2018（5）：45－47.
[3] 张华，李晓．高中班级文化建设的实践与探索[J]．教育与职业，2016（5）：120－121.

高中班主任的心理健康对其工作的影响

高中阶段是学生成长发展的关键时期，班主任作为学生最亲密的导师，其心理健康状况对学生的成长和发展具有重要影响。因此，如何促进高中班主任的心理健康，对于提高班主任的工作效率、促进学生的健康成长具有重要意义。

一、班主任心理健康的重要性

班主任是学生的引路人和良师益友，其心理健康状况不仅关乎自身身体健康，更直接关系到学生的学习和生活。具体来说，班主任心理健康的重要性体现在以下四个方面。

1. 提高工作效率

班主任的心理健康状况直接影响其工作效率。一个心理不健康的班主任难以集中精力工作，常常感到疲惫不堪，工作效率低下。相反，一个心理健康的班主任能够保持良好的工作状态，提高工作效率，为学生提供更好的服务。

2. 增强个人魅力

班主任的心理健康能够增强其个人魅力，更好地引起学生

的关注和得到学生信任。一个心理健康的班主任能够以积极、乐观的心态面对学生，这种积极的心态会感染学生，增强学生对班主任的信任和尊重。

3. 提高应对压力的能力

高中阶段是学生学业压力最大的时期，班主任作为学生的指导者和支持者，必须具备应对压力的能力。一个心理健康的班主任能够更好地应对学生的压力，为学生提供有效的支持和帮助。

4. 促进学生的健康成长

班主任的心理健康状况对学生的健康成长具有重要影响。一个心理健康的班主任能够为学生提供更好的指导和帮助，促使学生形成积极向上的人生态度和价值观。

二、班主任如何做好自己的心理健康工作

高中班主任要做好自己的心理健康工作，可以从以下五个方面入手。

1. 加强自身认知与自我管理

班主任要认识到自己的心理健康对工作效率和学生成长的重要性，加强自我认知，了解自己的情绪和行为特点，发现潜在的问题并积极解决问题。同时，班主任要通过自我管理策略，学会有效地应对压力和情绪，保持积极、稳定的心理状态。例如，通过定期运动、放松训练、积极思考等方式来调整自己的心态。

2. 学习心理学知识

班主任应该主动学习心理学知识，了解常见的学生心理问

题及应对策略，通过掌握心理学原理和方法，更好地理解学生，与学生建立良好的关系，有效地帮助学生解决问题。

3. 保持积极的情绪

班主任要时刻保持积极的情绪，以乐观、耐心、热情的态度对待学生和工作。积极情绪能够增强班主任的工作动力和幸福感，提高工作效率和满意度。同时，班主任的积极情绪能够感染学生，激发学生的学习兴趣和积极性。

4. 建立良好的人际关系

班主任要与学生、家长、同事等建立良好的人际关系，加强沟通交流，避免冲突和误解。良好的人际关系能够为班主任提供情感支持和帮助，减轻其工作压力和心理负担。

5. 寻求专业帮助

在需要时，班主任要勇敢地寻求专业帮助。在遇到自己难以解决的问题时，班主任可以向心理医生、心理咨询师等专业人士寻求帮助。通过接受专业的心理咨询和治疗，班主任能够更好地应对挑战和压力，恢复健康的心理状态。

三、结论

高中班主任的心理健康对于提高工作效率、促进学生的健康成长具有重要意义。班主任要关注自己的心理健康，采取有效的措施加强自身认知和自我管理，学习心理学知识，保持积极情绪，建立良好的人际关系，寻求专业帮助。通过做好自己的心理健康工作，班主任能够更好地履行职责，为学生的成长和发展提供有力支持。

新课改背景下高中班主任德育教育工作研究

高中作为学生世界观、人生观与价值观形成发展的关键时期，也是其良好道德品质塑造的重要阶段。对此，在新课改不断推行下，为了将班主任在学生学习、生活中的引导作用充分发挥出来，给学生的身心健康、全面发展带来积极促进作用，班主任应加强对德育教育工作的渗透研究，积极探索出更新颖、多样化的德育教育策略方法。

一、注重德育教育内容的不断更新

在社会高速发展背景下，传统德育教育内容早已无法适应现代教育发展需求，再加上以往的德育教育大多未对学生的主观感受做出充分考虑。对此，班主任应注重德育教育内容的及时更新，不仅要紧跟时代发展步伐，还要对学生不同阶段的实际需求做出充分考虑，结合教育大纲，在满足基础德育目标的前提下，围绕现代高中生的身心发展特点，引用更新颖、更适合的德育教育内容，确保高中德育教育工作可以全面、有效地开展。

在日常教育教学中，班主任应重视对高中生良好生活习惯以及优秀道德品质的培养。可以通过相关事件的恰当融入，引导学生对其中蕴含的道德价值做出深入领悟，进而给其良好道德品质、个人修养的形成发展创造良好条件。例如，班主任应加强对社会上发生的好人好事的实时关注，并将其视为新颖的德育教育素材。可以基于多媒体在班级内进行相关视频的播放，重点凸显其中值得高中生学习的文明习惯、正确人生观、价值观等，以此来让学生在观看中产生更深刻的思想感悟，为预期德育教育目标的落实提供有力支撑。

二、坚持以身作则，尊重关爱学生

首先，班主任要准确地评估自身教育价值，通过对自身言行举止的进一步规范给学生带来潜移默化的影响，树立良好榜样，真正在日常生活中做到以身作则，为学生的身心全面发展带来积极的促进作用。例如，在班级管理中，班主任应注重特定人物形象的保持，组织学生积极主动参加不同形式的思想道德教育活动，以此从不同层面给学生人格发展带来积极影响。班主任也是教师，所以，个人威信、正面形象的树立也是不容忽视的，以此来潜移默化地影响学生的学习生活。另外，班主任对于学生的独立人格应给予充分尊重，能够真正从学生角度来思考各类问题，努力走进学生的内心世界，成为学生的良师益友，为之后的教育管理、德育渗透创造良好条件。

其次，要真正懂得尊重关爱学生。面对学生出现的错误，班主任要懂得以足够的耐心、爱心来对各类问题做出理智分析，明确学生产生错误的原因，然后采取具有较强针对性的策

略方法来为学生提供科学引导，帮助学生及时纠正错误观念，为学生身心健康成长创造良好条件。同时，班主任也要与学生始终保持平等关系，在教育管理中做到公平、公正，只有这样才能够获得学生的密切配合与有力支持，促进德育教育工作水平的不断提升。例如，在具体开展德育教育工作时，为了真正融入学生群体，班主任应积极主动与学生互动交流，可以通过开展“班级交流会”，以及“我的班级我做主”等各类活动来吸引学生积极参与其中，以此来更自然地与学生开展思想交流，慢慢走进学生的内心世界，为德育教育工作的有效落实提供有力支撑。

三、理论联系实际，完善德育教育

在日常教育管理中，班主任应注重德育教育理论在课外教学活动中的恰当融合。班主任可以定期组织学生参与各类团体活动，或者是社会实践项目等。例如，可以举办“思想道德修养”主题班会，或者是利用假期组织学生参与去敬老院、孤儿院送爱心等实践活动。班主任还可以将德育教育、思政教育工作有机融合，为学生综合素养的全面发展创造更理想的条件。基于此，既可以为学生健全人格的培养带来积极影响，也能够从整体上提升高中生的思想道德修养。

四、营造良好班风，优化德育教育

在班级教育管理过程中，班主任应注重正确舆论导向的作用，为优良班风的形成发展创造良好条件，给学生的学习生活带来潜移默化的影响。比如，在一次期中考试中，某班级的一

个学生数学只考了57分，犹豫了好久也不敢把成绩单拿给父母，最后鼓起勇气找到了班主任，希望班主任能够借给自己3分，并保证自己在期末考试时，一定会将这3分还给班主任。对此，该班班主任选择了默许。到了期末考试，这位学生的数学成绩得到了大幅度提升。由此可知，班主任并非单纯地借给了学生3分，而是给予了学生足够的尊重与信任，且全面激发了该学生的学习动机。这样学生既可以亲身体会到诚实守信这一道理，在向班主任证明自己过程中，其学习兴趣、能力，以及自信心也能够得到显著增强，从而为学生的健康成长提供有力保障。因此，在德育教育中，班主任一定要联系学生实际心理，开展具有一定针对性的教育引导，营造出更好的班风。

五、结语

综上所述，新课改的不断推行，除了对高中各学科教学方法、内容等方面做出了诸多改变，对高中德育教育工作也提出了新要求。对此，不论高中班主任还是各科教师，都要重视学生主体地位的凸显，采取有效措施方法来引导学生积极、勇敢地面对，解决各种困难，促进其综合素养的全面发展，为学生今后的学习成长奠定坚实基础，将高中班主任在开展德育教育工作上具有的优势充分发挥出来。

参考文献

[1] 赖德辉．新课改背景下高中班主任德育工作理念及方法刍议［J］．课程教育研究，2018（34）：74－75.

[2] 关永明. 新课改背景下高中班主任德育工作理念及方法探究 [J]. 教育教学论坛，2017 (27)：62-63.
[3] 吴迪. 新课改背景下高中班主任德育工作理念及方法探析 [J]. 课程教育研究，2015 (14)：75-76.

行

·

高中数学教学探微

创设教学情境，培养高中学生核心素养

数学教学离不开“问题”，数学家哈尔莫斯认为“问题是数学的心脏”，正是有了问题，才激发了学生探索的动力，促进了学生对数学的理解和掌握相关的数学思想方法，形成数学素养。“问题”也是考查学生的核心，尽管这些问题并不能称为“数学新问题”，但是正是通过不同的问题设计，也就是选择合适的问题情境，考查学生的数学学科核心素养。因此，在教学中适当运用情境式教学不仅有利于提高学生的学习能力、学习兴趣，还能培养学生形成良好的学科思维体系。

一、高中数学教学中创设情境教学的必要性

1. 迎合新课程改革的必然趋势

将情境教学贯穿在日常教学中显得尤为重要，不仅能够提高学生提出问题和解决问题的能力，还能引导学生关注社会发展，聚焦热点，弘扬传统文化，体现了数学的应用性。例如，高考卷以北京冬奥会志愿者的培训为试题背景关注社会与经济发展；以芯片生产中的刻蚀速率为原型关注现实生产生活，渗

透数学建模、数据分析、逻辑推理等数学核心素养与数学思想方法的应用；以青少年视力为背景，引导学生关注身心健康；以珠峰高度测量为背景等。以上都展示了情境式教学在当下是迎合新课改趋势的必要教学手段，引导学生将所学知识应用于生活中。

2. 能够提高学生的学习效率和学习能力

教师要根据新课程标准的要求，结合核心素养不断创新教学理念与方法，通过创设教学情境让学生更愿意学习多样化的数学知识。教师要注意把握课程的质量与效率，既可以有效地教授学生应学的知识点，让课堂充满兴趣与色彩，又不至于太难，让学生因为数学难度太大而出现抵触心理。同时教师要有针对性地培养学生的自主学习意识，对一些通过自主学习就可以理解与掌握的知识，教师可以让学生先自行掌握；对一些重、难性质的知识点，教师需要在课堂上重点强调，帮助学生有效补齐在数学学习中个别环节的短板，实现数学学习成绩的整体提升。

3. 创设教学情境，契合考试趋势

在数学课程和考试的要求下，情境化试题在高考中的重视程度也越来越高了。从 2019 年以来，在高考数学全国卷中的情境化试题比以往有所增多，除了比较常见的统计概率问题的情境化试题，如在 2019 年高考数学全国卷中，结合药物的实验进行数学实验和数学探究，体现创新性，考查概率的基本知识、基本思想和方法，考查随机事件概率的计算和随机变量的分布列；社会情境化试题也渗透到试卷中，如结合“一带一路”考查学生的逻辑推理素养。情境化试题是基于数学学科

核心素养导向的命题，是为“问题”服务的，应该以情境为命题背景，以试题立意为主，灵活设问。试题立意以考查知识、能力为基础，通过数学情境、社会情境或科学情境，提出问题，综合考查学生的数学核心素养。

4. 制定情境教学方案，提高学生核心素养

高中教学直接关系到核心素养培育的高度与深度。高中数学教学的目的不仅是让学生更深入地学习数学知识，也是为了提升学生的核心素养。整个数学学科的教学目标的制定，课程结构的设置，课程模式的设计与知识单元的整合都要以提高学生数学学科的核心素养为出发点。在当代新课改的大背景下，要求一线教师既要以提升学生整体核心素养为根本，又要深刻理解数学学科核心素养、大单元教学模式与具体教学方案之间的层级关系。教师要了解运用多元化学习模式的最终目的是培养学生的核心素养，提高学生必备的关键技能和良好品格。

二、基于核心素养的高中数学情境教学方法改革分析

情境化试题在数学命题中最终是为了考查学生对数学的理解与应用能力，考查学生的数学创新思维。目前的情境化试题主要还是以基础性知识的应用为立意根本，在创新性和开放性方面仍较保守，而有的试题的情境也没有发挥出现实性的作用。希望在未来的命题中，有更加真实、科学且能将试题立意、背景、问题解决融合的题目，这将更能考查学生的数学核心素养。

1. 多样化教学实践，把握情境的创设

问题情境的创设要科学合理，符合学生的认知水平，既要对新知识的生成起到抛砖引玉的作用，又要具有一定的探索性，创设问题情境的主要方式有以下六点。

（1）结合学生生活实际，创设生活问题情境，这既有利于学生理解枯燥的数学知识，又有利于学生领会“数学来源于生活，数学服务于生活”的道理，从而在今后的生活中自觉的应用数学，实现数学的价值。例如，在教学“一元二次不等式”时，可选择学生感兴趣的上网问题及备受关注的计时收费问题引入一元二次不等式的有关概念。

（2）以数学故事、数学史事和数学游戏来创设趣味型问题情境，体现数学的文化价值。例如，在教学“数列”时，可选择“谢尔宾斯基三角形”“斐波纳奇数列”“九连环的智力游戏”等。

（3）深入钻研教材，利用好例题、习题所提供的情境素材。在教学前先深入钻研教材，梳理学习内容的逻辑线索，分析教材提供的情境素材，从素材中选取合适的素材创设情境，还原教材中例题、习题的生活背景来创设情境。

（4）将学生在阶段学习中所获得的基础知识和基本技能设置成问题情境，以开放题的形式，由浅入深，逐步深化；或从章节知识出发创设情境，将分散的数学知识串联起来，构建成知识网络，统领全章。

（5）将社会热点问题转化为数学情境资料，培养学生学会用数学的思维思考，用数学的眼光认识周围的环境与生活。例如，在教学“随机抽样”时，可选择“环境污染问题”“人

口增长问题”“社会老龄化问题”“国民经济情况”等作为素材组织教学，并根据教学需要加以转化。

（6）利用其他学科的知识作为情境，有利于加强学科间的联系。例如，在教学“三角函数的图像、性质”时结合物理中的简谐运动等典型实例，在教学“等比数列”时选择通过细胞分裂个数等生物中的实例。

总之，创设情境的方法千变万化，只要能根据具体的教学内容，设置恰当的问题情境，使学生的思维迅速进入最活跃的状态即可。

2. 创设情境，构建问题的提出

创设情境的主要目的在于引导学生展开主动探究，在探究中主动获取知识、发展能力、体验数学的过程，引导学生观察、分析情境资料，教师通过学生的猜测和探索提出数学问题。因此，对同一数学情境，从不同的角度和不同的层次启发、引导学生提出不同的问题，激发学生想要解决问题的兴趣。根据不同的教学任务确定所提问题的类型，常规型、非常规型分别适合在新授课和练习、复习课当中提出。在具体教学过程中，教师也要注意选择与课程内容贴切的问题，将生活问题转化为数学问题，逐步实现问题的过渡。例如，在教学“正弦定理”时，可将生活问题“航行途中怎样测出海上两个岛屿之间的距离”转化为在三角形中“已知三角形的任意两边与其中一边的对角，求另一边的对角和第三边”的问题。

教师利用知识的发展过程自然地提出问题，如在教学用单位圆上点的坐标定义三角函数后，自然要提出圆的性质与三角函数性质之间的关系。教师运用某些数学思维方式来提问，如

类比、推广、化归等，引导学生在比较熟悉的旧知识中发现新知识。例如，在教学“三角函数性质”时，可引导提出“怎样类比一般函数性质的研究思路研究三角函数性质”；在向量的坐标表示中，提出问题“在平面直角坐标系中，每一个点都可用一对有序实数（它的坐标）表示，对于直角坐标平面内的每一个向量，如何表示呢”。

3. 利用科学引导，实现问题的解决

选择合适的问题，并尝试寻求解决方案，是情境教学重要的环节，正确地分析问题，解决所发现的问题，明确问题的性质。比如“在这个三角形中，已知 a 边和 c 边以及角 C，请问角 A 是多少度，b 边长多少”，这个问题的解决思路在于若想知道三角形中的某几个数值，应该首先得到哪几个数值或数量关系才可以。在思考问题的过程中，学生提出问题又解决问题，通过运算对假设进行检验，也可以通过实践检验或者推理论证。

如在上述问题中，学生可由特殊直角三角形入手，寻求答案发现解法，进而猜测结论，进行验证，最后再进行严格的推理证明，对问题进行回顾与反思。教师引导学生复习回顾之前解决角问题的过程，使学生逐步掌握该类型问题的通用解决方法和解决问题的思维，能够举一反三，学会学习与创新。把所学的知识应用到生活中，是学习数学的最终目的，因此教师应培养学生运用所学知识解决实际问题的能力，使学生形成应用数学的意识。

4. 利用深度学习技术，多样性情境教学

在数学课堂中，教师应用信息技术等智能辅助工具开展情

境教学，让学生在深度学习技术的智能化辅助下更好地掌握知识，可以使用智能化的练习软件，让学生在练习中自主掌握知识，同时可以及时获得反馈，帮助学生更好地掌握知识。例如，教师可以通过小组合作的形式，让学生在 App 上设计出自己的小网店，然后进行货物进出、价格计算、销售记录等操作，在情境教学中巩固学生对基本数学知识的掌握。这样的教学方法可以有效提高学生的学习动力和兴趣，同时也能够让深度学习技术更好地发挥作用。

数学是一门很抽象的学科，但是教师可以通过应用智能学习软件创设实际情境来帮助学生理解和掌握数学知识，从而提高学生的学习兴趣；可以利用在日常生活中的例子来教授数学概念，如使用购物、旅行等场景演示百分比、比例和几何概念等；可以将数学知识和学生熟悉的文化元素结合起来，如在教授统计学时，从流行歌曲的数据入手进行深入讲解；可以利用游戏或竞赛的方式来激发学生的兴趣，如可以设计一些数学竞赛或挑战，让学生在比赛中体验数学的乐趣和挑战，从而提高学生的学习积极性。

还可以采用探究式教学方法，让学生自主发现和探究问题，教师通过引导学生自主探索和发现知识，让学生从中获得成就感和兴趣，从而更好地掌握数学知识。如此利用深度学习技术还能对学生的学习情况进行智能分析和评估，及时给予学生个性化的反馈和建议，为学生提供个性化的练习和测试，从而帮助学生更好地掌握数学知识，提高学习效率和质量，深入理解数学知识，提高应用能力和解题能力。

5. 优化情境教学，营造建模氛围

数学教学方式直接关系到核心素养培育的高度与深度。在

情境教学中融入模型思想不仅是为了让学生更深入地学习数学知识，也是为了提升学生的核心素养。高中生一定要学会将学到的知识转化为实践，空有理论的学习是不完整的。因此，高中的数学教学应当注重优化情境教学，营造建模氛围。比如，可以通过设置学习小组、组织数学俱乐部等活动，确定活动建模主题，如“根据生物学常识，给出血流量和体重之间的关系的数学模型”，调动学生对数学学习的积极性，加深学生对数学模型思想的认识理解和应用。

教师也可以选择一些有趣的、在实际生活中的数学问题，让学生自发地通过建立数学模型来提升自己的数学素养，如“安全行车距离”，如此营造良好的建模氛围，让学生全身心地投入数学知识技巧的海洋。培养数学模型思想的课程设置需要教师对数学知识的整体性有深刻把握，按照一定的逻辑顺序将在数学发展过程中需要掌握的知识点整合起来形成数学模型。这就要求教师在备课的过程中跳脱出单一的课本顺序，运用丰富的理论知识和教学经验对数学进行高度概括，帮助学生站在更高的角度学习数学，厘清数学脉络，把握住数学学习中的琐碎知识，善于发现其中蕴含的深刻问题并进行思考。

总之，情境教学能够有效帮助学生提高数学学习兴趣，以创设情境并提出有效性问题的方式，带动学生学习数学知识，提高学生数学核心素养，不断促使学生从“解答问题”向“解决问题”转变。

参考文献

[1] 祁义和．新高考情境下高中数学核心素养培养的教

学策略研究［J］. 亚太教育，2022（12）：52－54.
［2］郝丽丽. 高中数学单元教学设计对增强学生核心素养的路径探究［J］. 考试周刊，2021（72）：79－81.
［3］江南岸. 新高考情境下高中数学核心素养培养的教学策略［J］. 高考，2021（9）：101－102.
［4］陈齐荣，冯传平. 论数学核心素养及其教学：基于知识维度视角［J］. 上饶师范学院学报，2019（6）：103－107.
［5］郭冒强. 由“知”启“智”：落实初中数学核心素养培养的新途径［J］. 数学教学通讯，2019（8）：58－59.

高中数学教学方式探析

《普通高中数学课程标准（2017 年版 2020 年修订）》中明确指出要建立新的教学方式，指出数学课程是以提高全体学生的科学素养为目的，并以科学探究作为课程改革的突破口，提出了“三维”教学目标，即从知识与技能，过程与方法，情感、态度与价值观三个维度来实现对于人才素质的培养。课程改革的核心环节是课程实施，而课程实施的基本途径则是教学，只有更新教学观念，转变教学方式，才能真正实现新课程的目标。

一、转变教师教的方式

1. 变主演为主导

“以学生为主体”是当代教学的基本思想。教师要努力创造机会激发学生的兴趣，使学生成为学习的主体，让学生精神饱满地参与学习过程的始终。给学生以动脑思考、动手操作、动口表述的时间和空间，把教师的活动转化为学生自主学习的活动，从而大幅度地提高课堂教学效果。教师可以将学习内容设计成具有挑战性的问题，引发学生更多的提问，启发学生的

思考，逐步使学生学会将在实际问题中的数学知识模型化，学会用数学知识观察分析现实问题，并用数学方法解决问题，初步掌握解题的思路和方法。

2. 变灌输为合作交往

教学过程是师生交往、积极互动、共同发展的过程。交往意味着平等，意味着对话，意味着共同参与，意味着相互建构课堂教学过程。教师要改变“灌输—接受”这种传统教学方式和学生单一、被动的学习方式，开始尝试自主合作与主动探究所带来的愉悦感和成功感，使接受式学习不再是主旋律。探究式学习、体验性学习和实践性学习的介入，与接受式学习交相呼应，相辅相成。

3. 统一要求与因材施教相结合

统一要求与因材施教相结合是指教学要面向全体学生，使他们达到教学计划和教学大纲的统一要求，得到全面发展，同时又要照顾个别差异，实行分类指导，使所有学生在原有基础上都得到提高。新课程体现基础性、普及性，要人人学有价值的数学，让不同的人在数学上得到不同的发展。

二、转变学生的学习方式

转变学生的学习方式就是要转变传统的、单一的、他主的和被动的学习方式，形成多样化的、探索与合作的学习方式。以知识为载体，开放学生的全部感官，把知识的学习变为他们生命的需要。在学习过程中学生通过知识的领悟，提高技能，使自身的主体意识、能动性和创造性不断发展，培养自身的创新意识和实践能力。

1. 主动性学习

教学的艺术在于唤起学生自主学习的兴趣与动机。探究很容易引起学生学习的兴趣，学生有了学习兴趣，学习活动对他们来说就不是一种负担，而是一种享受，一种愉快的体验，学生就会越学越想学、越爱学，达到事半功倍的效果。苏霍姆林斯基曾经说过："在人的心灵深处都有一种根深蒂固的需要，这就是希望自己是一个发现者、研究者、探索者。"培养学生的主动性，要在课堂上体现"四性"：学生有看书、思考的积极性；学生有提出问题、亲手实践的主动性；学生有发表见解、敢于辩论、能发现并纠正别人错误的独立性；学生有求同存异，发现别人没发现的问题，从不同角度探索解决问题新途径的创造性。

2. 合作互动性学习

合作是现代社会一个重要的、需要学习和养成的生存本领。合作互动式学习方式，是以合作学习小组为基本形式，以团体成绩为评价标准，通过不同基础学生之间责任明确的分工、合作、互助，形成知识、思维和能力上的互补，使学生最大限度地动脑、动手、动口，在集体学习中积极主动地与他人合作，在交互合作中获得相关知识，形成合作理念，锻炼合作能力，达成教学目标。教师与学生彼此之间还可以分享思维、经验和知识，促进班集体的整体认知水平提高。这种合作性学习，可以小课题长作业的方式进行。小课题可以在课堂上通过合作学习的方式完成，也可以通过作业的形式布置，即要求学生经过一段时间的学习来完成。这一段时间可以连续几周或者几个月，这就是长作业，长作业是课题学习在课外的延伸。小

课题长作业注重发现性学习和研究性学习。学生对自己感兴趣的问题进行比较深入的研究，在寻求解决问题方案的同时，有助于激发其兴趣，从而能自主学习。

三、改进评价方式

1. 定性评价与定量评价相结合

数学学习的定性评价要体现学生对数学价值认识的提升过程，体现学生数学学习的积极情感和优良学习品质的形成过程，既要注重学生思考方法和思维习惯的养成过程，也要注重学生参与数学学习和同伴交流、合作的过程，更要注重学生在数学学习中不断反思与改进的过程。数学学习的定量评价是通过对学生完成一定量的数学习题或一个量化的分数去衡量学生的评价。从定量到定性，把过程与结果评价相结合是数学教育评价的进步，是发展性的优化评价。

2. 注重过程，终结性评价和形成性评价相结合

传统的评价往往只要求学生接受问题的答案，而对于学生如何获得这些答案却漠不关心。这样学生获得答案的思考、推理、假设的形成以及如何应用理论知识等，都被摒弃在评价的视野之外。缺少对思维过程的评价，就会导致学生只重结论，忽视过程，学生就不能养成科学探究的习惯和形成严谨的科学态度。

四、在教学中进行反思

在教学中进行反思，即及时、自动地在行动过程中反思。教学过程既是学生掌握知识、发展智力的过程，又是师生交

往、积极互动、共同发展的过程。在教学中的师生关系不再是“人、物”关系，而是“我、你”关系；教师不再是特权式人物，教学是师与生彼此敞开心扉、相互理解、相互接纳的对话过程。在成功的教学过程中，师生应形成一个学习共同体，一起参与学习过程，进行心灵的沟通与精神的交融。波利亚曾说：教师讲了什么并非不重要，但更重要千万倍的是学生想了些什么。学生的思路应该在学生自己的头脑中产生，教师的作用在于“系统地给学生发现事物的机会”。在教学中教师要根据学生反馈的信息，反思“出现这样的问题，如何调整教学计划，采取怎样有效的策略与措施，需要在哪方面进行补充”，从而顺着学生的思路组织教学，确保教学过程沿着最佳的轨道运行，这种反思能使教学高质、高效地进行。

高中数学教学如何培养学生的主动参与意识

高中数学难度较大，并且很多教师受应试教育的影响仍在运用传统教学方法，保留着传统的教学理念。这不仅导致学生学习效率不高，还会使教师的教学效率逐渐下降。而新课程标准明确指出教师应在传统教学方法的基础上加以创新，创造出适合现如今学生的教学方法，同时要转变传统教育思想，为学生构建有效课堂教学。

一、改变传统教育观念，转变课堂教学角色

时代教育改革的号角已经吹响，我们一定要摒弃原来的应试教育，向素质教育全面过渡与发展。首先，教师要改变传统的教学观念，要认识到教师是课本的建设者和研发者。其次，教师要深挖教材，以提升学生综合学习能力为主要教学目标，要打破原本沉闷的、缺乏生机的传统数学教学模式，充分调动学生的自主学习意识，提高学生自主参与课堂的能力。最后，教师要突出学生的课堂主体地位，让学生这个庞大的受教育群体能够更好地发展。这是我们不断努力和奋斗的目标之一。数

学是一门逻辑思维性较强的学科。在教学过程中，教师要以培养学生的核心素养为重点，以培养学生的逻辑思维能力、思维分辨能力和独立思考能力为方向开展教学。教师要提升课堂教学质量，促进学生自主参与意识的形成与发展，进而打造高效的数学课堂。

二、关心学生的生活以及学习，建立和谐的师生关系

高中生已经具备一定的思想，并且处于叛逆期的高中生逆反心理极强。如果教师在这个时期不加以正确引导，反而强制他们学习，那么学生不仅不会听从管理，还会因逆反心理而对教师反感，这十分不利于教学活动的顺利开展。因此，在高中数学教学中，教师要关心学生的生活以及学习，这样才会让学生感受到教师的真心，并且能够与教师敞开心扉，进而建立良好的师生关系。师生关系良好，学生自然就喜欢高中数学课堂，自然能够积极主动进入课堂教学中，并且能够听取教师的建议，促使高中数学课堂教学有效性的提高。要建立和谐的师生关系，一方面，教师要深入了解每一个学生，了解他们的家庭因素。家庭对于一个人成长的影响非常大，通过了解家庭，教师能够更加了解学生的性格特点，进而了解学生最渴望什么，最抵触什么，进而采用针对性策略。另一方面，教师要公平公正地对待每一个学生，不可出现差别待遇。差别待遇是高中数学课堂中常常出现的现象，每一个教师都喜欢学习成绩好、各方面都优秀的学生，这是毋庸置疑的，但正是因为这种差别待遇，使处在逆反心理极强的高中生感受到不公，这不仅

会对课堂教学的有效性有所影响，对于学生的健康成长也有反向作用。因此，教师应公平公正地对待每一个学生。

三、注重学生进展，拟定分层授课目标

新课程革新倡导授课实践要展现推动学生进展这一基准信念。教师是课程的组建者、指引者与考核者，但不是课程教育实践的中心，学生才是教师授课服务的对象。所以，教师在授课的途中，要以学生为中心拟定授课目标，重视学生的个性发展。比如，在教学“函数的概念和性质”这一课时，教师把教材上的例子呈现在屏幕上，让学生思考下面的问题：“炮弹的射高和时间存有怎样的关系；南极的蒸气空洞面积和时间变化间的关系；‘八五’计划实施以来国家城镇群众的恩格尔参数伴着时间进展形成的变化。”学生都陷入了思考中。一段时间后，教师再请几个学生来回答这些问题，有的学生可以轻而易举地叙述事件和时间的变化，但有的学生还没有发觉其中的变化，还有的学生提前预习了本次课的内容，试着列出了函数的表达公式。学生的学习水平不一样，假如采取单一的授课方法，不但不能让学习水平差的学生跟上授课进程，还不能帮助已经学会这个知识点的学生提升学习水平，这时，教师就可以采取分层授课方法，让每个学生都能有所收获。在授课活动中，教师依据授课现实情况调整授课方式，展开分层授课，合理规划授课内容，让每个学生都可以有所收获。

四、掌握科学正确的错题整理方法

数学教师应有意识地培养学生建立、利用错题集的能力，

引导学生在出现错题时，理性地对其进行分析、思考，在课堂学习中要认真听讲，着重标记在数学知识中的重要知识点，将自己的思考与教师所讲解的解题思路与方法进行整合。除此之外，教师还要引导学生在整理错题时，明确、详尽地标注出错题原因，如发现自己不能完全理解的知识点，记录下自己的疑惑与不同见解，并及时向教师或同学请教，直到完全吃透、弄懂。教师在讲解错题时，不仅要让学生掌握解题思路与解题方法，还要要求学生将课堂所学结合自己的知识储备，充实自己的数学知识体系，发散数学思维，让错题集真正为自己所用，在为学生提供复习资源的同时，还可据此开展强化练习，能够收到事半功倍的学习效果。学生在建立错题集时，完全可根据自己的喜好与学习习惯来设计错题集，如此才能真正发挥错题集对自身的兴趣带动作用，提升数学学习效率。例如，学生在整理数学错题时，教师可指导学生根据错题的不同类型及其所涉及的不同知识点，建立一套属于自己独特风格的错题体系，只要方便自己查阅、温习就好。

五、加强师生互动，提升学生主动参与课堂的意识

首先，师生互动不仅有利于提升学生主动参与课堂的意识，还有利于构建良好的师生关系，让学生形成积极向上的学习氛围。其次，师生互动还有助于拉近师生之间的距离，让学生和教师成为朋友。最后，师生互动有利于教师教学的顺利开展与实施，从而更能让学生自主地去学习和提升自我。例如，在进行简单的解答题讲解时，第一，教师要鼓励学生用自己的方法进行解答，让学生之间相互交流探寻更加简便的解题方

法。第二，在解题时，教师可以鼓励学生联系之前所讲过的例题，解答题通常是以将各章节的知识内容汇总起来的形式出现。第三，教师在进行总结时，要选择最恰当的方式进行解题。学生和教师进行互动，这样才能真正做到翻转课堂。翻转课堂能够让学生意识到自己是课堂的主导者，会提升学生的归属感和学生自主参与课堂的意识。

综上所述，新课改落实以后，课程标准对授课实践提出了更严苛的要求，推动教学人员持续优化授课理念，用领先的授课思想和理念来带动头脑，为学生创建一个富有活力、富有乐趣的高效课堂。所以，在现实授课中，教师要遵循新课标的要求，加强课堂授课效率，推动学生的全面发展。

参考文献

[1] 宿静．促使学生主动参与高中数学教学的策略[J]．新课程教学（电子版），2019（20）：25.

[2] 徐晓洲．高中生主动参与数学课堂教学的现状及培养对策［J］．高考，2019（8）：179.

[3] 项先春．新课标下的高中数学高效课堂构建策略［J］．读写算，2018（28）：2.

高中数学教学对学生创造性思维的培养

数学是一门需要创造性思维的学科，因为解决数学问题不仅需要基本概念和定理，更需要运用抽象、逻辑、归纳、判断、推理等思维方式进行分析。培养创造性思维是数学教学的一个重要目标，因为它涉及数学教学的质量和学生的发展。当前，随着教育改革的推进，越来越多的学者和教师认识到了培养学生创造性思维的重要性，同时也开始涌现出一些新的思想和方法。本文旨在对这些研究成果进行总结和分析，以期提供一些有益的思路和方法，从而更好地培养学生的创造性思维。

一、引导学生解决开放性问题

在高中数学教学中，为了培养学生的创造性思维，教师可以给学生一些开放性问题，鼓励学生采用创造性思维方法进行探究和解决。在这个过程中，教师可以引导学生提出问题、寻找策略、尝试新方法、总结思考过程等。例如，在教学“集合”时，教师可以提出以下开放性问题，引导学生进行创造性思维探究：①如何构造一个只有两个元素的集合，使其既是

有限集合，又是无限集合？②如何证明两个集合相等？③如果已知一个集合 A 中有 n 个元素，那么这个集合 A 的真子集（不包括自身）有多少个？④如何确定两个集合的交集和并集？这些开放性问题可以鼓励学生开动脑筋，探究集合的性质和规律，并且让他们发展创造性思维，提高解决问题的能力。在引导学生解决这些问题的过程中，教师可以激发学生的兴趣，让学生明白这些问题与实际生活是有很大联系的，可以通过实例引导学生慢慢理解集合的概念。第一，引导学生提出问题。鼓励学生自由发挥，提出他们自己的问题，并启发学生采用多种方法解决问题。第二，学生合作分组。分组讨论可以让学生充分发挥创造性思维，通过同伴间的讨论，达到共同提出解决问题的思路和方法的目的。第三，鼓励学生尝试新方法。引导学生自由发挥，鼓励他们尝试各种新的方法和思路，以培养学生的创造性思维。第四，总结思考过程。引导学生总结自己的思考过程，不断总结自己的经验和方法，提高解决问题的能力。教师通过这些方法引导学生解决开放性问题，可以提高学生的创造性思维，激发学生的学习兴趣和自信心，进一步促进学生的数学学习和发展。

二、鼓励多样化思维方式

教师可以鼓励学生采用不同的思维方式，如模拟、演绎、归纳、类比等方法。通过这些多样的思维方式，学生可以唤起和发掘自己潜在的创造性思维能力。例如，在教学“空间向量及其运算”时，教师可以引导学生运用模拟和演绎的思维方式，通过绘制向量和计算其长度、方向等属性，掌握向量的基本概

念和运算规律。同时，教师可以采用归纳和类比的思维方式，通过比对不同向量的属性和规律，推导出更为普遍的结论和定理，培养学生深刻的数学思维和创造力。为鼓励学生多样化的思维方式，教师还可以这样做：第一，提供多种教学资源和学习材料，包括图像、图表、视频、音频、课本、参考书等，以满足不同学生的学习需求和习惯。第二，创设多种教学场景和情境，如比赛、游戏、模拟、实验、探究等，以激发学生的学习兴趣和创造性思维。第三，鼓励学生采用多种思维方式和策略，如分析、综合、抽象、具体、逻辑、直观等，以拓宽学生的思维视野和思维习惯。第四，注重学生的反思和总结，引导学生发现并认识自己的思维方式和习惯，从而更好地调节和改进自己的创造性思维能力。总之，教师鼓励学生多样化的思维方式，能帮助学生在理解和应用数学知识的同时，培养其创造性思维和创新能力，从而使其更好地适应未来的发展和挑战。

三、推荐相关阅读

教师可以推荐一些与数学有关的书籍、文章和杂志，引导学生开阔思维和视野，培养对数字和空间的创造性思维。例如，在教学“双曲线”时，教师可以推荐与数学有关的阅读材料：第一，《数学之美》，作者吴军，阐述了数学和现代科技发展之间的密切关系，通过丰富的实例和讲解，帮助学生更好地理解数学的内涵和应用。第二，《数学竞赛与奥林匹克》，作者吕建中，讲述了数学竞赛的历史和发展，引导学生进一步认识数学竞赛对培养创造性思维的重要性。第三，《数学教育》杂志，它涵盖了数学教育领域的最新研究成果和案例分

析，可以让学生更好地了解国内外数学教育的发展现状和趋势。第四，《数学家的孩子怎样学数学》，作者李瑞华，以自己的数学教育经历为例，提供了一些有价值的数学学习方法和技巧，可以帮助学生更好地掌握数学知识和技能。这些阅读材料可以激发学生的学习兴趣和热情，帮助学生更全面和深入地了解数学知识和方法，提高学生的数学素质和创造性思维能力。

培养学生的创造性思维是数学教育的一项重要任务。创造性思维的培养需要抓住机会，开展合适的教育实践。本文提出了一些培养学生创造性思维的策略和方法，如启发性问题、设计性学习、合作学习、分组探究、自主学习和信息技术应用，等等。这些策略和方法的实施不仅可以培养学生的创造性思维，同时也提高了学生的学习兴趣和数学教学的效果。未来，教师还需要进一步深入研究和实践，探索更多更好的创造性思维培养策略和方法，不断提升学生的综合素质。

参考文献

[1] 任琳卿. 高中数学教学中对学生创造性思维的培养[J]. 数学学习与研究，2023（4）：95－97.

[2] 李静雯. 高中数学教学中对学生创造性思维能力的培养策略探讨［C］//中小学教师教育教学与创新研究论坛组委会，中国社会主义文艺学会文艺教育委员会. 中小幼教师新时期第四届“教育教学与创新研究”论坛论文集（一），2022：67－69.

[3] 许鹤翎. 高中数学教学中对学生创造性思维能力的培养［J］. 数学学习与研究，2022（31）：128－130.

关注圆锥曲线高频考点

圆锥曲线类试题对考生分析、解决问题的能力考查较强，往往侧重考查考生的数形结合能力、等价转化能力、分类与整合能力以及数学运算求解能力，所以圆锥曲线知识是高考数学必考点，很有必要厘清圆锥曲线高频考点。唯此，学生才能以不变应万变，提高处理此类问题的实际能力，进而提升数学核心素养。

近年高考数学圆锥曲线知识侧重考查考生对圆锥曲线的定义、标准方程以及简单几何性质在解题中的灵活、综合运用能力。为了能够较好地理解、掌握常见考查形式及其常用求解策略，现通过归类举例的形式加以具体说明，旨在帮助学生梳理圆锥曲线高频考点，进一步提高学生分析、解决圆锥曲线问题的技能技巧。

高频考点一：考查圆锥曲线“定义”的灵活运用

因为圆锥曲线中有关最值问题，往往涉及椭圆、双曲线的焦点，或者涉及抛物线的焦点或准线，所以需要优先考虑圆锥曲线的“定义”在分析、解决问题中的灵活运用，有利于帮

助我们结合图形，将最值问题进行等价转化，也便于考查具体问题的最值情境。

例 1 已知点 $F(0,\ -\sqrt{7})$ 是双曲线 C 的一个焦点，$y=\pm\frac{2\sqrt{3}}{3}x$ 是双曲线 C 的渐近线方程，双曲线 C 上的动点 P 在第一象限内，且已知直线 $y=kx-\sqrt{2}k$ 经过定点 A，那么△PAF 周长的最小值是（　　）。

A. 8　　　　B. 10

C. $4+3\sqrt{7}$　　　　D. $3+3\sqrt{17}$

解析：将直线方程 $y=kx-\sqrt{2}k$，变形为 $y=k(-\sqrt{2})$ 可知该直线经过定点 $A(\sqrt{2},\ 0)$。因为点 $F(0,\ -\sqrt{7})$ 是双曲线 C 的一个焦点，$y=\pm\frac{2\sqrt{3}}{3}x$ 是双曲线 C 的渐近线方程，所以可知双曲线 C 的标准方程为 $\frac{y^2}{4}-\frac{x^2}{3}=1$。

设 F' 是双曲线 C 的另一个焦点，则根据双曲线定义可得 $|PF|=|PF'|+4$，从而△PAF 周长为 $|PF|+|PA|+|AF|=|PF'|+4+|PA|+3=|PF'|+|PA|+7$。

又注意到双曲线 C 上的动点 P 在第一象限内，所以结合图形可知 $|PF'|+|PA|$ 的最小值是 $|AF'|=3$，故△PAF 周长的最小值是 $7+3=10$。故选 B。

评注：本题侧重考查了直线与双曲线知识的综合运用，体现了双曲线的“定义”在等价转化方面发挥的重要作用，同时考查了逻辑推理能力，能够有效培养学生的直观想象能力。

高频考点二：考查求离心率或者求离心率的取值范围

1. 求离心率的常用解题策略

根据条件先得到关于 a、b、c 的齐次等式，再结合椭圆中 $b^2=a^2-c^2$ 或者双曲线中的 $b^2=c^2-a^2$ 转化为关于 a、c 的齐次等式，然后将齐次等式两边同除以 a 或 a^2 可转化为关于 e 或 e^2 的等式，最后通过解方程即得 e 的值。

例 2 已知 F_1、F_2 是双曲线 C：$\frac{x^2}{a^2}-\frac{y^2}{b^2}=1$（$a>0$，$b>0$）的左右焦点，点 P 在双曲线上，且满足 $PF_2\perp F_1F_2$，设 PF_1 与 y 轴交于点 Q，如果四边形 OF_2PQ（其中 O 是坐标原点）的内切圆存在，那么双曲线 C 的离心率等于（　　）。

A. $\sqrt{2}$　　B. $\sqrt{3}$

C. 2　　D. 3

解析：借助图形可知，四边形 OF_2PQ 内切圆的圆心为 $\left(\frac{c}{2}, \frac{c}{2}\right)$，半径等于 $\frac{c}{2}$，其中 c 为双曲线的半焦距。又根据双曲线的定义和通径长计算公式得，$|PF_1|-|PF_2|=2a$，$|PF_2|=\frac{b^2}{a}$，从而有 $|PF_1|=|PF_2|+2a=\frac{b^2}{a}+2a$。

设点 E 为四边形 OF_2PQ 内切圆的圆心，则根据图形可得

$S_{\Delta EF_1F_2}+S_{\Delta EPF_1}+S_{\Delta EPF_2}=S_{\Delta PF_1F_2}$，

所以 $\frac{1}{2}(|F_1F_2|+|PF_2|+|PF_1|)\cdot\frac{c}{2}=\frac{1}{2}|F_1F_2|\cdot|PF_2|$，

所以$\frac{c}{4}\left(2c+\frac{b^2}{a}+\frac{b^2}{a}+2a\right)=\frac{1}{2}\cdot 2c\cdot\frac{b^2}{a}$，结合 $b^2=c^2-a^2$ 化简得 $2a^2+ac-c^2=0$，再变形可得 $e^2-e-2=0$，从而结合 $e>1$，可解得 $e=2$，故选 C。

评注：该解法以数形结合作为解题的切入点，充分运用内切圆的图形特征，借助“分割与组合思想”可灵活构建关于双曲线基本量之间的关系等式，通过实施适当的变形，利用方程思想，巧妙求解双曲线的离心率。

2. 求离心率取值范围的常用解题策略

（1）认真观察、分析题意中涉及的平面图形可获得的不等关系，然后将该不等关系利用圆锥曲线中的 a、b、c 加以表示，进而可求解圆锥曲线的离心率的取值范围。

（2）根据试题本身给出的不等条件，如已知某角的取值范围，或者已知某条直线的斜率的取值范围等，可进一步得到关于离心率的不等关系，从而求解圆锥曲线的离心率的取值范围。

例 3　已知 A、B 两点都在椭圆$\frac{x^2}{a^2}+\frac{y^2}{b^2}=1$（$a>0$，$b>0$）上，且关于坐标原点对称，点 F 是椭圆的右焦点，满足 $AF\perp BF$，设$\angle ABF=\alpha\in\left[\frac{\pi}{12},\frac{\pi}{4}\right]$，则椭圆的离心率 $e\in$______。

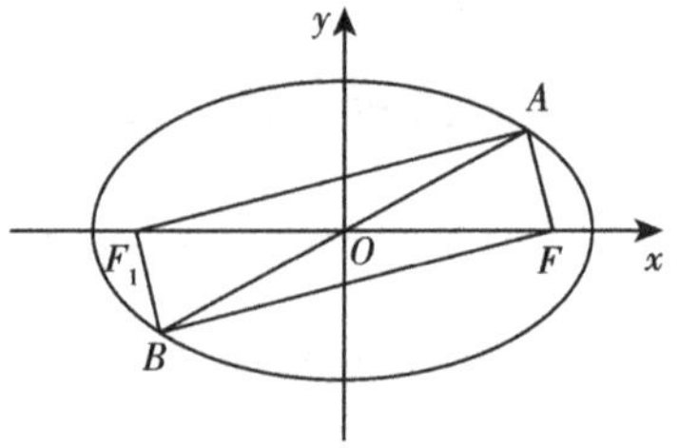

解析：由题意画出图形，如图所示，记椭圆的左焦点为F_1，连接AF_1、BF，因为点A关于原点O的对称点为B，O为线段F_1F的中点，所以可得$BF_1 /\!/ AF$，且$BF_1 = AF$，所以四边形AF_1BF为平行四边形，又因为$AF \perp BF$，故可得四边形AF_1BF为矩形。

于是，$|AB| = |F_1F| = 2c$，又因为$\angle ABF = \alpha$，$AF \perp BF$，所以可知$|AF| = 2c \cdot \sin\alpha$，$|AF_1| = |BF| = 2c \cdot \cos\alpha$。从而，根据椭圆的定义知，$|AF| + |AF_1| = 2a$，即$2c \cdot \sin\alpha + 2c \cdot \cos\alpha = 2a$，变形得$e = \dfrac{2c}{2a} = \dfrac{1}{\sin\alpha + \cos\alpha}$

$= \dfrac{1}{\sqrt{2}\sin\left(\alpha + \dfrac{\pi}{4}\right)}$。

又由$\alpha \in \left[\dfrac{\pi}{12}, \dfrac{\pi}{4}\right]$，得$\alpha + \dfrac{\pi}{4} \in \left[\dfrac{\pi}{3}, \dfrac{\pi}{2}\right]$。

所以$\sin\left(\alpha + \dfrac{\pi}{4}\right) \in \left[\dfrac{\sqrt{3}}{2}, 1\right]$，所以$\dfrac{\sqrt{2}}{2} \leqslant e \leqslant \dfrac{\sqrt{6}}{3}$。

故所求椭圆的离心率$e \in \left[\dfrac{\sqrt{2}}{2}, \dfrac{\sqrt{6}}{3}\right]$。

评注：本题求解的关键点有以下三点：一是要充分挖掘图形特征，可获得一个特殊的四边形“矩形”；二是要善于从椭圆的定义出发，寻找a、b、c满足的等量关系式；三是需要灵活运用转化思想，借助三角函数的图像和性质，可巧妙获得椭圆离心率的取值范围。

高频考点三：考查“设而不求”思想的解题应用

在处理圆锥曲线中有关最值、定值以及定点问题时，考虑

“设而不求”思想在解题中的灵活运用，可帮助我们顺利求解目标问题。“设而不求”思想的关键是先设出相关点的坐标以及直线的方程，然后充分借助字母形式的代数运算，并结合图形进行合情推理、分析，以便迅速、巧妙获解。显然，该思想的灵活运用能够较好培养学生的数学运算求解能力。

例4 （2021年全国乙卷理科第21题）已知抛物线C：$x^2=2py$（$p>0$）的焦点为F，且F与圆M：$x^2+(y+4)^2=1$上点的距离的最小值为4。

（1）求p；

（2）若点P在M上，PA、PB是C的两条切线，A、B是切点，求$\triangle PAB$面积的最大值。

解析：（1）由圆M的方程可知，圆心$M(0,-4)$，圆的半径$r=1$。又有点$F\left(0,\frac{p}{2}\right)$在圆$M$的外部，所以根据题意可知$|MF|-r=4$，即$\frac{p}{2}+4-1=4$，解得$p=2$。

（2）由（1）可知抛物线C的方程为$x^2=4y$。

设切点$A(x_1,y_1)$，$B(x_2,y_2)$，因为由$x^2=4y$，得$y'=\frac{1}{2}x$，所以切线PA的斜率为$\frac{1}{2}x_1$。于是，由点斜式得切线PA的方程为$y-y_1=\frac{1}{2}x_1(x-x_1)$，又因为$y_1=\frac{1}{4}x_1^2$，所以代入整理可得$x_1^2-2x_1x+4y=0$。设点$p(x_0,y_0)$，则有$x_1^2-2x_0x_1+4y_0=0$。

同理，可得$x_2^2-2x_0x_2+4y_0=0$。从而，x_1，x_2是关于“x”的一元二次方程$x^2-2x_0x+4y_0=0$的两个实数根，所以由根与系数的关系可得$x_1+x_2=2x_0$，$x_1+x_2=4y_0$。

设线段 AB 的中点为 Q，因为 $x_Q=\frac{1}{2}(x_1+x_2)=\frac{1}{2}\cdot 2x_0=x_0=x_P$，所以 $PQ /\!/ y$ 轴。

从而，结合图形可知

$$\begin{aligned}S_{\triangle PAB}&=S_{\triangle PQA}+S_{\triangle PQB}\\&=\frac{1}{2}\cdot|PQ|\cdot|x_1-x_2|\\&=\frac{1}{2}\cdot\left|\frac{y_1+y_2}{2}-y_0\right|\cdot|x_1-x_2|\\&=\frac{1}{2}\cdot\left|\frac{1}{8}(x_1^2+x_2^2)-\frac{1}{4}x_1x_2\right|\cdot|x_1-x_2|\\&=\frac{1}{16}|x_1-x_2|^2。\quad ①\end{aligned}$$

因为点 $P(x_0,y_0)$ 在圆 M：$x^2+(y+4)^2=1$ 上，所以 $x_0^2=1-(y_0+4)^2=-y_0^2-8y_0-15$，由此可知 $|x_1-x_2|=\sqrt{(x_1+x_2)^2-4x_1x_2}=\sqrt{4x_0^2-16y_0}=2\sqrt{-y_0^2-12y_0-15}=2\sqrt{21-(y_0+6)^2}$。又因知 $-5\leqslant y_0\leqslant -3$，所以当 $y_0=-5$ 时，可得 $|x_1-x_2|_{\max}=4\sqrt{5}$。　②

于是，由①②及函数 $y=\frac{1}{16}x^3$ 在 $\mathbf{R}$ 上单调递增可得，所求 $(S_{\triangle PAB})_{\max}=20\sqrt{5}$。

评注：（1）该解法中的等式 $x_1^2-2x_0x_1+4y_0=0$，也可这样获得：因为 $k_{PA}=\frac{1}{2}x_1=\frac{y_1-y_0}{x_1-x_0}$，所以 $\frac{1}{2}x_1^2-\frac{1}{2}x_1x_0=y_1-y_0$，又 $y_1=\frac{1}{4}x_1^2$，故 $x_1^2-2x_0x_1+4y_0=0$。

（2）该解法中构造一元二次方程的关键在于，认识到等

式 $x_1^2-2x_0x_1+4y_0=0$ 与 $x_2^2-2x_0x_2+4y_0=0$ 的外在结构相同，从而可借助“同构”思想加以灵活处理。

（3）一般，若经过点 $P(x_0, y_0)$ 可作抛物线 $x^2=2py$ $(p>0)$ 的两条切线 PA，PB，其中切点 $A(x_1, y_1)$，$B(x_2, y_2)$，则 $S_{\triangle PAB}=\frac{1}{p}\left(\sqrt{x_0^2-2py_0}\right)^3=\frac{1}{8p}|x_1-x_2|^3$。

综上所述，关注圆锥曲线部分考查的高频考点，有利于帮助我们明确近年高考数学考查的主要方向，厘清常见题型及其解题策略，从而努力做到“知己知彼，百战不殆”；同时，能够有效提升复习备考的针对性、有效性，提高对相关数学思想方法、知识的综合运用能力，进一步提升数学核心素养。在今后的教学中，我们要努力强化对高频考点的分析与研究，不断提炼解题策略、解题技巧，以便切实提高解题能力。

基于发散思维能力培养的高中数学课堂教学实践与思考

时代的发展，对教育事业提出了更高标准。为贯彻素质教育理念，提升学生综合能力以及核心素养，高中数学教师要以多样化的教学手段，优化高中数学课堂，促进学生发散思维能力得到提升。下文对高中数学教学中提升学生发散思维能力的可行性策略做出了探究，希望可以帮助广大高中数学教师切实落实素质教育理念，共同推动我国数学教育事业发展。

一、利用数学教学提升学生发散思维能力的问题解析

1. 思维模式陈旧

调查发现，目前高中生在进行数学知识学习时，由于学生自身数学逻辑不足，思维存在差异性，导致学生无法深刻理解数学原理以及概念。因此，无法开展对知识点本质内容的深层研究与思考，导致学生对数学知识的理解停留于表面，无法有效提升学生数学能力以及数学学科素养。相较于小学与初中阶段的数学知识，高中数学知识对学生的思维模式提出了更高要

求，受传统教学理念影响，部分高中数学教师教学方式陈旧，很难实现高效的教学活动，学生无法灵活掌握学习规律，导致学生课堂学习效率低下。

2. 教学手段单一

调查发现，部分高中数学教师只重视在教学过程中的经验积累。因此，教师通常会采取传统教学方式进行教学活动，确保学生可以理解、掌握知识点，但对于知识讲解仅以初级把握为主。教师按照自身教学思路，开展数学习题教学活动，教学手段单一，从而导致高中生形成固定思维，很难在解题方法上跳出传统束缚，不利于学生思维发散，无法有效引导学生对数学知识进行更深层次的探究与思考。单一的教学模式，可以帮助学生简单快速地理解浅显的数学知识，一旦离开教师指导，学生很难得出更加高效的解题思路。

3. 教学资源欠缺

随着素质教育理念推行，各界人士对于高中数学教学给予了更多关注，也提出了新的要求。但部分学校存在数学教学资源欠缺现象，有限的教学资源无法满足提升学生发散思维能力的需求。教师只以数学教材为基础，在黑板上罗列各种知识点，教学手段单一固定，导致课堂氛围沉闷，不利于激发学生学习积极性，导致教学质量难以提升。但由于教学资源欠缺，难以帮助学生使用数学知识解决实际问题，导致学生“学以致用”能力无法提升，抑制了学生的创新能力以及想象力发展。

二、高中数学教学培养学生发散思维的策略

数学思维是高中生数学能力的综合体现，因此，加强学生

思维品质的培养，已成为高中数学教师的教学任务。由于受到传统教育理念影响，很多教师仍旧采取单一的教学方式进行教学，不利于激发学生对知识的深度思考与探究欲望。并且单一固定的教学方式，易使学生产生思维疲惫，学生创新意识以及创新能力无法得到锻炼和提升。为改善这一现状，高中数学教师要通过不断探究与总结，寻求可以提高学生发散思维能力的教学手段，通过引导，促进学生综合能力以及核心素养全面提升。

1. 引导发散思维，促进个性发展

为培养学生发散思维能力，首先，教师要充分发挥数学学科优势，在教学过程中，注重培养学生创新意识以及创新能力。数学思维具有科学性、严谨性、稳定性等特点，教师通过开展对知识的自主学习以及深度探究，可有效促进学生养成独立思考以及多角度思考的意识，帮助学生对数学问题做出更加全面、理性的判断。其次，在课堂中教师要鼓励学生大胆想象、小心求证，激发学生对数学问题的个性思考，鼓励学生对数学知识进行探索，鼓励学生利用多种方式进行习题解答，可帮助学生提升思维灵敏度。需要强调的是，教师必须以常规思维为基础引导学生发散思维。最后，在实际教学中，教师要结合学生实际学情以及学习能力，从多个角度对问题进行分析，寻求多种解题方式，可有效提升学生多元化思维，促进学生获得个性化发展。

以高中数学知识中等差数列通项公式为例，解答通项公式：$a□ = a_1 + (n-1)d$ 的方式有很多种。例如，累加法，结合等差数列定义能够得出，从第二项之后的每项，减去前面

相邻项，即可得出公差 d，因此，利用累加法进行问题解答可得出 d；利用递推法同样可以解答这个公式，通过分析公式得出 $a_2=a_1+d$，$a_3=a_2+d=a_1+2d$，$a_4=a_3+d=a_1+(4-1)d$，并且由此可以得出 $a_n=a_1+(n-1)d$。教师通过多种方式证明进行公式推导，可有效加深学生对于公式的理解和掌握，并且在推导公式的过程中，可有效锻炼学生逻辑推理能力以及解题能力，从而培养学生发散思维能力，推动学生数学综合能力获得全面发展。

2. 创新解题方式，促进思维发散，推动学生数学综合能力获得全面发展

为提升高中生核心素养，教师要结合学科优势，注重对学生综合能力的培养。首先，在高中数学教学中，教师要注重加强培养学生发散思维的意识，帮助学生灵活掌握利用知识解决问题的方式。教师可以结合实际教学内容，融入科学合理数学思维以及解题方式，可有效提升学生逻辑思维能力，寻求一题多解的解题方式，可有效促进学生核心素养全面发展。其次，由于学生学习能力不同、数学基础不同，因此教师要注重在课堂中加强指导，从多个角度出发，对问题进行分析，与学生共同讨论，寻求新的解题方式。最后，在习题讲解过程中，教师设置创新题型，将数学概念、推导方法、思考总结作为教学过程，帮助学生在解题过程中总结数学规律，寻求高效解题方式。

以人教版高中数学教材中的“圆锥曲线和方程”相关知识讲解为例，教师可以利用阶梯式教学方式进行教学活动，利于提升学生解题能力。在进行这一知识教学时，会涉及多个数

学知识点。在教学过程中，教师可先不对习题进行直接分析，而是向学生提问关于直角与其他定理、性质之间的关系，寻找学生回答中的思维亮点，引导学生结合自身个性思维进行习题分析，寻求新的解题思路。教师通过创新解题方式，能够有效促进学生思维发散，得出新型解题方式，并且还可有效改善课堂氛围，激发学生解题欲望。

3. 开展一题多用，培养独特思维

高中数学知识涉及范围广泛，以同一个知识点为基础，可衍生出多个题型。首先，教师在实际教学过程中，需要改进传统教学方式，帮助学生突破固定思维束缚，实现一个问题多个解答方式，促进学生发散思维能力提升。教师可以根据近期教学内容，将多个经典题型更改已知条件，引导学生利用新的知识点进行习题解答，可有效帮助学生突破传统思维枷锁，获得高效解题方式，有效提升学生学习能力。其次，在习题讲解过程中，教师要带领学生深入探讨常规解题方式，更要对非常规解题方式进行探索与研究，可颠覆传统思维模式，提升学生数学思维的灵活度以及独特性。一题多解可提升课堂教学趣味性，激发学生对于数学知识的探究兴趣，有助于提升学生学习效率以及数学综合能力。

例如，在学习函数导数相关知识点时，需要对“$y = log_e 2(5x+4)$”的导数求解，教师可以引导学生对 $y' = \frac{1}{x\ln a}$ 求解，在公式中代入字母的含义，利用公式推导多种运算方式，从而寻求一个问题的多种解题方式。在高中数学实际教学中，教师要鼓励学生对同一个问题进行多种形式的解答，有助于了解学生实际学情，教师可以及时对教学计划做出调整，鼓励学生对

同一问题从多个角度进行分析和思考，探究更多解答方式，利于提升学生发散思维能力。

总而言之，在实际教学中，数学教师带领学生寻找同一个问题的多个不同解答方式，可使学生发散思维能力得到提升。新课改背景下，提升教学手段有效性，重点培养学生发散思维能力，有利于促进学生综合能力提升，有利于学生获得良好个人成长和发展。构建高中数学高效课堂，教师要充分结合学生性格特点、认知规律，投入足够耐心与爱心，通过开展多种教学活动，提升学生发散思维能力，切实落实素质教育理念。

参考文献

[1] 秦立军．在高中数学教学中培养学生的发散思维［J］．智力，2020（35）：77－78.

[2] 隆占平．高中数学教学中学生思维能力的培养分析［J］．学周刊，2020（31）：107－108.

[3] 牟娜．探究在高中数学教学中培养学生发散思维的方法［J］．天天爱科学（教学研究），2020（8）：32.

[4] 孟世勇．高中数学教学中培养学生思维能力的实践探析［J］．课程教育研究，2020（26）：114－115.

基于高中数学基本不等式解题技巧分析

鉴于高中数学的实践性特征十分强，并且很多数学知识均存在明显的规律性特点，逻辑性非常强。在高中数学教学中，需不断改进不等式解题教学方式。在具体实施不等式教学时，假如学生无法深入理解、熟练掌握不等式的解题方法和技巧，必然会影响解题的速度和准确性。为了改变此种不良的情况，教师需要加强对学生传授不等式的解题技巧，让学生学习到更多的知识。鉴于此，系统思考和分析高中数学基本不等式解题技巧显得尤为必要。

一、基本不等式概念的阐释

一般来说，可以应用基本不等式求解函数的最值，抑或完成证明，并利用具体的文字加以体现，主要针对的是两个正实数的算数平均数大于或者等于它们的几何平均数。显而易见，不等式知识的学习属于高中数学教学过程中的难点部分，常见于高考数学试卷中，所以要求学生们灵活掌握基本不等式的解题方法和技巧。

二、高中数学基本不等式解题技巧的说明

1. 科学利用基本不等式相关性质进行习题的求解

一般来说，高中数学教师在为学生讲解与分析基本不等式习题求解方法的时候，需要科学利用基本不等式相关性质，完成求解的任务。作为一种常用的基本不等式解题方法，对于很多不同类别的不等式习题而言，均可以采用此种解题方式。比如，可以利用不等式的传递性质，假如 $a>b$，$b>c$，说明 $a>c$。与此同时，由不等式的可加性得出 $a+c>b+c$。例如，教师在讲解新教材人教 A 版高中数学“基本不等式”时为学生设计了如下问题。

例 1 已知平面上有 n 个圆，其中每两个圆都相交于两点，每三个圆不相交于同一个点。证明：n 个圆把平面分成 $f(n)=n^2-n+2$ 个部分。

分析：证明 $f(n)=n^2-n+2$ 公式成立时，主要运用了归纳方法。在 $n=1$ 的情况下，$f(1)=2$，即 $n^2-n+2=2$ 成立，所以，该命题成立。与此同时，假设 $n=k$，并且第 $k+1$ 个圆的圆心用 O 代表，联系题目相关条件，以便完成证明的任务。借助上述各种方法，都能够证明 $f(n)=n^2-n+2$ 是成立的。在此过程当中，利用基本不等式的相关性质，能够减小基本不等式习题的求解难度。所以，得出最终的准确证明结果是非常关键的，拥有一定的实践意义和价值。

2. 指导学生熟练掌握不等式的相关基础知识，提升不等式解题的准确率

一直以来，基本不等式对于高中学生而言，属于难点内容

之一，很多数学基础弱的学生，在学习的过程中觉得十分吃力，非常容易产生不同的问题和缺陷。为了改变此种不良情况，要求高中数学教师应该重视夯实学生的不等式基础知识，有助于学生做到温故知新，提高学生基本不等式习题的解题准确率。教师在进行高中数学基本不等式的教学时，需要为学生讲授基本不等式和几何性质之间的联系，引导学生深入掌握基本不等式成立需要的相关条件，达到拓展知识的效果。当学生进行基本不等式解题时，可以使用凑项、消元等方式，这也是学生必须掌握的解题方法，要求学生灵活运用，以便完成求解不等式的学习任务。例如，教师在讲解新教材人教 A 版高中数学“基本不等式”时，为学生设计了如下问题。

例 2　（1）如果正数 x、y 满足 $x+3y=5xy$，则 $3x+4y$ 的最小值是________；

（2）如果 $x>0$，$y>0$，$x+3y+xy=9$，则 $x+3y$ 的最小值是________。

分析： 求解问题（1）的时候，学生可以合理运用基本不等式相关知识，便能够实现。针对问题（2）的求解来说，存在着一定的难度。在此过程中，数学教师可以指导学生使用消元的方式加以求解。因为 $x>0$，$y>0$，因此 $0<y<3$，所以 $x+3y=\frac{9-3y}{1+y}+3y=\frac{12}{1+y}+3(y+1)-6\geq 2\sqrt{\frac{12}{1+y}\cdot 3(y+1)}-6=6$ 只有当 $\frac{12}{1+y}=3(y+1)$ 即 $y=1$，$x=3$ 时，$(x+3y)_i=6$。

3. 加大基本不等式换元解题技巧的应用力度

教师在指导学生进行不等式习题分析和探究时，能够把式

子视为一个整体，并运用变量予以替换，以便使不等式解题十分便捷，这种解不等式的方法也叫作“换元法”，达到了有效转化不等式的目的。在此环节当中，应该加大对置换元、构建元等相关要素的关注力度。实际上，对于换元法而言，可以采用等量代换的方式，实现不断延伸，并且在此过程中，能够不断变换具体的研究目标，进而完成转移问题的任务。与此同时，还能够运用换元法，将新的变量融入不等式，进而实现科学处理相关分散条件的目的，把那些隐藏的相应条件有效体现出来。抑或在进行不等式解题分析的过程中，把结论和相关条件有效融合在一起，以便形成学生更加熟悉的结构，让后续的不等式解题变得更加简便、高效。例如，教师在讲解新教材人教 A 版高中数学“基本不等式”时，为学生设计了如下问题。

例 3 已知 $a>b>c$，证明：$\frac{1}{a-b}+\frac{1}{b-c}\geqslant\frac{4}{a-c}$。

分析：证明这道题的时候，要求学生参考题目中的相关已知条件，根据换元法的原则和要求，令 $a-b=x$，$b-c=y$，所以 $a-c=x+y$，并且 x、y 都是大于 0 的。转化原来不等式，得 $\frac{1}{x}+\frac{1}{y}>\frac{4}{x+y}$。所以，在证明不等式的过程中，应该保证 $\frac{x+y}{x}+\frac{x+y}{y}\geqslant 4$，$1+\frac{y}{x}+1+\frac{x}{y}\geqslant 4$。并且，应该证明 $\frac{y}{x}+\frac{x}{y}\geqslant 2$ 同时恒成立。借助这种证明的方法，并参考这道题目中的相关已知条件和换元的方法，能够实现针对 $\frac{1}{a-b}+\frac{1}{b-c}\geqslant\frac{4}{a-c}$ 的科学证明。

4. 确保不等式反证解题技巧运用的合理性

学生在求解不等式习题时，教师可以教会学生运用反证解

题技巧完成求解任务。一般地，这种解题技巧的利用以正难则反作为重要的前提条件，将其应用到高中数学不等式的求解与证明当中，能够获得一定的成效。学生通过运用这种不等式解题技巧，可以解决有关不等式的问题，并且，能够提升不等式解题的准确率。例如，教师在讲解新教材人教 A 版高中数学“基本不等式”相关课程内容的过程中，为学生设计了如下问题。

例 4 已知 $a+b+c>0$，$abc>0$，$ad+bc+ac>0$，求证：$a>0$，$b>0$，$c>0$。

分析：进行求解以前，应该细致分析题目中的已知条件。因为 $abc>0$，所以 a、b、c 都不等于 0。假如 $a<0$、$bc<0$，符合相关条件的 $a+b+c>0$，并且 $b+c>-a$，得到 $a(b+c)<0$。因为 $ab+bc+ac=a(b+c)+bc<0$，所以该结果和题目中的条件形成矛盾，所以以上假设是不成立的，即 $a>0$，$b>0$，$c>0$。由此达到证明的目的。

从以上分析中不难看出，系统分析与思考高中数学基本不等式解题技巧显得尤为必要，具有一定的研究意义和实施价值。希望此次研究能够得到有关高中数学教师的关注与重视，并且从中获得相应的借鉴和帮助，以便增强高中数学基本不等式解题技巧应用的实际成效，进而促进我国高中数学教育事业的可持续发展与进步。

参考文献

[1] 陈晨．高中数学基本不等式解题技巧探讨［J］．数学大世界（中旬），2019（11）：68.

［2］勒子玉．高中数学基本不等式解题技巧的探究与分析［J］．数学学习与研究，2019（12）：105.

［3］高明．新课改背景下高中数学基本不等式解题技巧研究［J］．数学大世界（中旬），2019（6）：81.

［4］金涛．《基本不等式》在高中数学教学中的常用解题技巧之我见［J］．引文版：教育科学，2015（8）：280.

［5］孙天贶．应用基本不等式解题的常用方法分析［J］．新课程（下），2019（11）：203.

［6］郭训柏．例析用基本不等式解题的策略［J］．高中数学教与学，2015（22）：45－47.

［7］刘岩．高中阶段利用基本不等式求最值的常见技巧［J］．语数外学习（数学教育），2013（8）：63.

浅谈高中数学课堂教学

一、培养学生问题意识的重要性

学生学会自主学习的一个重要表现就是在提出问题后，善于质疑的学生通常会因对未知产生好奇而积极地参与问题的解答和学习，在求知的过程中巩固自身掌握的知识点，培养创造能力。但由于受部分教师陈旧观念的影响，学生不敢质疑也没有自信去研究问题，对标准解答深信不疑，不具备探索精神，严重损坏了学生的学习吸收能力。数学问题不是孤立产生的，必须善于创设有效的教学情境才能发现问题，学生要不断思考、不断产生疑虑，并在教师的指引下提出问题，提高自主参与学习的欲望。教师也可以再利用多媒体设备进行演示，学生在脑海里会产生清晰的印象，疑惑可以得到解决，记忆也相对更为深刻，学生积极思考，培养问题意识，才能训练思维能力。

二、高中学生数学意识培养的现状

数学问题意识培养的一个共识就是，学生应该带着问题走进教室，带着新的问题走出教室。但在当前很多教师的数学教

学中，教师虽然把课堂交给了学生，让学生提出问题，但效果并不明显。学生很少能提出像样的问题，整节课上的大多数问题都是教师提出，让学生去解决这些问题，而作为课堂主体的学生则极少提出问题，课堂气氛十分沉闷，教学效率低下。造成上述情况的主要原因是：第一，不敢问。长期以来，受传统教学模式的影响，课堂教学一直是在教师的主导下完成的，学生往往因为心理紧张，害怕因提出问题影响课堂教学而受到教师的批评，或者是害怕提出的问题不好，而被教师和其他学生取笑。第二，无疑可问。在传统的课堂教学中，教师是课堂活动的主体，知识的传授和问题的提出都是由教师来完成，学生往往是被动接受。学生习惯了教师提出问题，让自己去解决，然后教师给出结论。这样学生在数学学习中很难产生问题意识，有自己的疑问。第三，不知怎么问。高中学生因为思维能力和知识储备不足，遇到问题往往不知道该如何提出，同时在学习中也很难提出有新意、有深度的问题。第四，没有机会问。在教学中，教师为了完成教学任务，留给学生思考和提出问题的时间有限，大多数问题都是由教师和极少数优秀学生提出，大部分学生都没有提问的机会。

三、培养高中学生数学问题意识的有效措施

1. 创新性教学引导问题提出

学生对知识的巩固是一个循环的过程，要做到高效率的学习，首先，教师应该转变思想，在教学过程中，要用全新的教育理念，改革课堂教学，合理设计教学方案让学生产生质疑。学生具备较强的问题意识，能做到主动发问，就说明学生在积

极动脑，调动自身的知识储备来积极提出新问题。其次，根据教学内容，教师自主创设情境，以此激发学生的学习热情，培养学生的问题意识，并鼓励学生进行知识整理，构建完善的知识体系。目前一些教师忽略了对学生问题意识的培养，使学生不能发现问题或者能发现问题但不能解决。学生只是一味地学习而不去思考，不但养成不好的学习习惯，学习效率低下，甚至在生活中遇到问题也不会解决，形成不健全的人格。对此我们应该加以重视，寻求更好的方法培养学生的问题意识，引导学生学会发现问题，主动地思考、解决问题，让学生全面发展。

2. 营造良好课堂氛围，让学生敢问、想问

在培养学生的问题意识过程中，要建立良好的师生关系，在课堂上为学生创造一个融洽、轻松、愉悦的学习环境，减轻学生的心理压力，让学生充满信心。首先，教师可以根据学生的思维、心理和知识等情况，结合教学内容，从学生熟悉的场景入手，采用讲故事、猜谜、竞赛等形式，为学生创设趣味四溢、生动活泼的问题情境，让学生产生疑问，大胆探索，提出自己的问题。其次，教师在课堂上要为学生提供思考和疑问的时间与机会，要鼓励学生质疑与探索，敢于发表自己的独特见解，大胆地质疑教材，允许说错、允许改正、允许保留意见。不仅要鼓励与表扬提出具有深度和创新问题的学生，对于提出错误和浮浅问题的学生，也不能一味地否定与批评，更要对学生敢于提出问题的态度和勇气给予肯定和表扬。

3. 制造机会，创造条件，为学生营造良好的提问氛围

首先，在课堂教学中，教师要保证学生有足够的时间去提

问，在每节的上课前、授课中及课下，都应该留出足够的时间，让学生说出自己的问题。例如，学生在预习完新知识之后，头脑里就会产生疑问，在每节上课前，教师可以先让学生说出自己的问题，让学生带着问题去参与课堂学习，在学习过程中，让学生自己去解决这些问题，提高学生的解决问题能力。在教学过程中，在不影响教学的情况下，教师要允许学生举手提问，及时说出自己的想法。可以在每进行一周教学后，专门抽出一节课来集中解决学生的问题。其次，要为学生创造提问的空间。除了在课堂上留给学生提问的机会，教师还可以组织学习小组，让学生在课下研究数学问题，并自己解决，遇到解决不了的问题，记录下来，再向教师求解。教师还可以在教室准备一个问题本设立“问题信箱”，让学生把自己课下遇到解决不了的问题写到本上，教师从而可以及时地掌握学生的问题。最后，教师要平等地对待每一名学生，允许所有学生提问。对于平时数学学习成绩较差的学生，教师更要给予鼓励，帮助其解决问题，避免问题越积越多，导致学生自暴自弃。

4. 创设问题情境，培养学生的问题意识

教材往往在新课的开头就设置一个情境，引导学生进入新知识的学习当中。学生通过开头的教学情境发现新的问题，而且是用已经掌握的知识解决不了的问题，那么学生就会开始思考，接着寻找解题的思路，然后解决问题。学生自己主动参与解题，教师加以引导，学生会对知识记得更加牢固，而且在遇到相同或者相似的题目时会主动思考，形成适合自己的解题模式，让数学变得不再可怕。

四、总结

学问，既要学，又要问，学习与思考相结合才能更好地掌握知识。在高中数学教学中，教师要以激发学生的学习兴趣为基础，以培养学生的问题意识为核心，为学生营造轻松快乐的课堂氛围，引导学生发现有价值的问题，培养学生解决问题的能力，提高学生学习效率和学习成绩，并且教师将课堂和生活相结合，可以让学生更全面地发展。

浅议高中数学教学效率

在课堂教学中，教师应做到“以人为本”，创造性地开发数学教学资源，为学生提供丰富多彩的教学情境，激发学生的学习兴趣，鼓励学生积极参与课堂教学的每个环节，丰富学生的学习方式，引导学生自己发现问题、提出问题、解决问题，让学生真正做到“要学数学、会学数学、学会数学、学好数学、会用数学”。课堂教学的高效性就是通过课堂教学活动，使学生在学业上有高效收获、高效提高、高效进步，是课堂改革的最直接的一环，教师应从以下三个方面来打造高效课堂。

一、师生关系

良好的师生关系，是学校教育质量的保证。新型师生关系应该是教师和学生在人格上是平等的，在交互活动中是民主的，在相处的氛围上是和谐的。如果教师在有意无意中以一种居高临下的姿态面对自己的学生，而不是放低姿态平等地与学生沟通交流，就会造成学生不愿与老师交流，师生关系紧张的局面。只有让学生感受到你爱他，学生才能信任你，你讲的话才有感召力。利用课余时间，尽量去了解学生，充分的接触是

建立朋友式师生关系的基础。

二、课前充分地准备

深入细致地研究学习目标，熟知本节课的教学要点难点，在深度、广度上预想相关知识的联系拓展。课堂要高效，教师就要认真备课，精心设计教学环节，要根据教学内容、学生实际情况，设计出能最大限度激发学生学习兴趣、调动学生学习积极性的作业。备好教学对象，教师在课前备课必须充分，特别是“备学生”要落实到位。

三、课堂环节的落实

1. 有明确的教学目标

教学目标是课堂教学的方向。数学教师在教学的全过程中，由备课开始，自始至终都必须明确所预期的学生学习结果，或者说学生通过学习应达到的程度。高中数学课堂教学目标的基本功能就是定向，指明教学活动的方向。高中生处于思维活动的成熟时期，并开始向辩证思维过渡，对高中生来说，教师设计的教学目标既要符合学生思维的水平，又要有适当的难度，严格控制数学讲授的深度和进度，使大部分学生能够消化接受，使学生在知识、能力、技能、心理、思想品德等方面达到预定的目标，以提高学生的综合素质。

2. 能突出重点、化解难点

每一堂课都要有一个重点，而整堂的教学都是围绕着这个重点来逐步展开的。为了让学生明确本堂课的重点、难点，教师在上课开始时，可以在黑板的一角将这些内容简短地写出

来，以便引起学生的重视。讲授重点内容，是整堂课的教学高潮，如第八章的“椭圆”第一课时，其教学重点是掌握椭圆的定义和标准方程，难点是椭圆方程的化简。教师可从太阳、地球、人造地球卫星的运行轨道，谈到圆的直观图、圆萝卜的切片、阳光下圆盘在地面上的影子等，让学生对椭圆有一个直观的了解。为了强调椭圆的定义，教师事先准备好一根细线及两根钉子，在给出椭圆在数学上的严格定义之前，教师先在黑板上取两个定点（两定点之间的距离小于细线的长度），再让两个学生按教师的要求在黑板上画一个椭圆。画好后，教师再在黑板上取两个定点（两定点之间的距离大于细线的长度），然后再请刚才的两个学生按同样的要求作图。学生通过观察两次作图的过程，总结出经验和教训，教师因势利导，让学生自己得出椭圆的严格定义。这样，学生对这一定义就会有深刻的了解了。

3. 要善于应用现代化教学手段

运用现代化的教学手段，就能把这些抽象的概念形象化，便于学生理解这些概念、定理，如通过投影，可以将物体点、线、面之间的关系表现得生动形象，从而有助于学生空间想象能力的发展。例如，教师在进行点、线、面投影规律的教学时，首先引导学生认真仔细地观察分析几何元素在三面投影中的位置和三维几何元素与二维投影图之间的对应关系，其次观察当几何元素的空间位置改变时，投影图上的对应投影又是如何变化的，从而可以更好地帮助其掌握点、线、面的投影规律，记忆相关知识，提高学习效率，增强学习效果。又如，在讲到三垂线定理时，教师可以制作一组幻灯片，以立方体为模

型，使之从不同方位转动，得到不同位置的垂线，学生可以从中获得感性认识，加深对定理中各种情况的理解，增强对该定理的运用能力，从而达到课堂高效。

4. 根据具体内容，选择恰当的教学方法

每一堂课都有每一堂课的教学任务和目标要求。所谓“教学有法，但无定法”，教师要能随着教学内容的变化，教学对象的变化，教学设备的变化，灵活运用教学方法。

新授课：我们往往采用讲授法来向学生传授新知识；我们也可以创设符合学生生活经验和知识经验的情境，给学生提供充足的时间和空间，让学生亲自经历学习实践和学习新知的活动来帮助学生构建新知识。

复习课：我们特别重视基础知识的复习与夯实，新教学模式的具体体现就是预习、互动、测评三个环节。

讲评课：

①阅卷。教师独立阅卷或教师与一个学习小组共同阅卷。

②评价。对优胜小组与个人进行表彰。然后对试卷进行评价，教师或阅卷小组的同学指出在阅卷中发现的主要问题。

③讨论。充分发挥数学小组的作用，把问题交给小组研究解决，小组讨论典型错题的解法、思路、易错点，交流考试心得，教师巡视各小组，对小组内的个别问题进行点评。

④巩固。针对错题，教师预先设计针对性练习，限时训练并上交批阅。此外，我们还可以结合课堂内容，灵活采用谈话、读书指导、作业、练习等多种教学方法。

5. 以学生为主体，教师为主导，调动学生的学习积极性

学生是学习的主体，教师要围绕学生展开教学，在教学过

程中，自始至终让学生唱主角，使学生变被动学习为主动学习，让学生成为学习的主人，教师成为学生学习的领路人。

此外，高效课堂当然离不开学生的有效合作。我们可以根据学生的学习成绩，按照不同的层次划分学习小组，让学生结成学习小组，共同学习，共同进步。

总之，在数学课堂教学中，要提高学生在课堂 45 分钟的学习效率，提高教学质量，我们就应该多思考、多准备，充分做到备教材、备学生、备教法，提高自身的教学机制，发挥自身的主导作用。

新课标下高中数学课堂教学的几点体会

新课标已经在我省实施近两轮，但是，由于社会和历史的诸多因素，尤其是“一切为了高考”的选拔取向课程评价，使学生为了高考而学数学，教师为了高考而教数学，师生在题海中艰难跋涉。学生体会不到学习数学的乐趣，看不到学习数学的价值，数学素养得不到提高，这样就大大制约了学生在数学上的发展。所以，为了落实好新课标，教师就要切实转变教育教学观念，改变旧的课堂教学方式，使学生真正成为学习的主人。

我作为一名基层高中数学教师，经历了第一轮课改，收获颇多，特别是在课堂教学方面有几点体会，现提出来与同行们交流。

一、尽量从现实生活中创设引入数学情境，激发学生的学习兴趣

新课标在“教学建议”中指出：在数学教学中，应注重发展学生的应用意识；通过丰富的实例引入数学知识，引导学

生应用数学知识解决实际问题，经历探索、解决问题的过程，体会数学的应用价值。帮助学生认识到：数学与我有关，与实际生活有关，数学是有用的，我要学数学，我能学数学。因此，教师要多创设数学情境，从现实生活中引入数学知识，使数学知识生活化，让学生带着生活问题进入课堂，使他们觉得所学习的内容是和实际生活息息相关的，是生活中亟待解决的问题，给学生找到生活的原型。

例如，在讲授“二项式定理”时，教师可设计这样一个问题：“今天星期一，那么今天后的第 290 天是星期几？”这必将激起学生的浓厚兴趣。然后告诉学生只要掌握了二项式定理，这个问题马上就能解决，这样同学们学习二项式定理的愿望就更强烈。

又如，在讲“概率”时，教师可问学生：“你知道你买一张体育彩票中一等奖的可能性有多大吗？”像这样创设引入数学情境，不但可以提高学生对数学的兴趣，激发学生学习动机，以及学好数学的愿望，而且可以培养学生凭借自己已有的生活经验和已有的知识分析、解决实际问题的能力。

二、要注重知识的形成过程，培养学生的思维能力

新课标指出：数学教学是数学活动的教学，是师生之间、学生之间交往互动与共同发展的过程。数学教学应从学生实际出发，引导学生通过实践、思考、探究、交流，获得知识，形成技能，发展思维，学会学习，促使学生在教师指导下生动活泼地、主动地、富有个性地学习。因此，在教学中我们应将数学知识形成的基本过程和基本方法贯穿始终，从学生的实际出

发，结合教学内容，设计有利于学生参与的教学环节，引导学生积极参与概念的建立过程，定理、公式的发现和证明过程。

例如，在对“三垂线定理”进行教学设计时，教师可以通过具体问题引发学生思考：取出一个正方体模型 $ABCD-A_1B_1C_1D_1$，上底面上有一点 M，在上底面画一条线与直线 AM 垂直，请问怎么画？学生用老师提供的模型分组讨论，思索着如何画出与 AM 垂直的直线。学生可能会有各种各样的画法，于是就可以问学生：“你画的直线一定与 AM 垂直吗？所画的直线 AM 与上底面有何位置关系？”由此可引出课题。然后再引导学生分析画法的实质，并用几何语言概括出这个实质，即“平面内的一条直线，若和这个平面的一条斜线在这个平面内的射线垂直，则它也和这条斜线垂直”。这样，学生自己从问题出发获得了三垂线定理，深刻感受了学习活动的全过程并得到新知识。

三、要注重知识联系生活，深化对知识的理解

新课标中指出：“有效的学习活动不能单纯地依靠模仿与记忆，教师应引导学生主动地从事观察、实验、猜测、验证、推理与交流等数学活动，从而使学生形成自己对数学知识的理解和有效的学习策略。”这就是要培养学生的应用意识，所以，教师不仅要提供在现实生活中的数学材料，还要培养学生从生活中收集数学信息，整理数学知识的能力，让学生主动地将现实生活的大背景与数学知识密切联系起来，使学生在生活中发现数学，在生活中学习数学，在生活中应用数学。要让学生认识到在现实生活中蕴含着大量的数学信息，数学在现实世

界中有着广泛的应用。学生在面对实际问题时，能主动尝试从数学的角度运用所学知识和方法寻求解决问题的策略；在面对新的数学知识时，能主动地寻找实际背景，并探索其应用价值。其实，在我们实际生活中有很多问题都可以发动学生，让他们寻找解决问题的办法。

例如，在复习函数这节课时，教师可创设这样的数学情境："我校为了强化信息课教学，准备再购买一批用于教学的微机，此种微机零售价 2400 元，甲商场提出的优惠销售方法是，买一台降价 10 元，买两台降价 20 元，依此类推，但每台售价不低于 2000 元。而乙商场提出的优惠方法是，购买每满 10 台，另送一台。请同学们帮助学校算一算：购买多少台到哪一家商场的优惠更多?"这样的问题，同学们都会感兴趣。学生们学习的主动性肯定会被调动起来。通过同学们的讨论，他们就在不知不觉中运用了分类讨论的思想方法，而且把函数思想与不等式的解题方法融在了一起。不仅复习了函数内容，还加强了知识间的横向联系。

四、善于激发学生的创新意识，让学生形成并养成"猜想—归纳—证明"的严谨思维习惯

数学是一门抽象和逻辑严密的学科，正由于这一点令相当一部分学生望而却步，对其缺乏学习热情。情境教学当然不能将所有的数学知识都用生活真实情境再现出来，事实上情境教学的形象真切，并不是实体的复现或忠实的复制，而是以简化的形体，暗示的手法，获得与实体在结构上对应的形象，从而给学生以真切之感，使学生在已有的知识上进一步深入发展，

以获得新的知识。

比如，在学完了椭圆的定义后，在如何用此定义进一步研究椭圆性质的一节课上，教师可先启发学生由前一课的图形进行一些大胆的猜想，进一步强调证明的重要性，以使学生形成“猜想—归纳—证明”的严谨思维习惯，达到提高学生数形结合解题能力的目的，要求学生用所学的定义结合方程的特点去验证猜想结论的正确性。学生在教师的层层设问下，参与了问题探究的全过程，不仅对知识理解透彻，掌握更牢固，而且从中受到观察、猜想、分析与转换等思维方法的启迪，思维品质获得了培养。在这样的教学过程中，教师要特别注意不要只关注学生是否找到了规律，得到了结论，更要关注学生是否进行了思考。如果学生一时未能独立发现其中的规律，教师可以鼓励学生相互合作交流，进一步探索，教师也可以提供一些帮助。

五、倡导自主、合作、探究的学习方式，鼓励学生大胆实践

新课标所倡导的新的学习方式是自主学习、合作学习、探究学习。所谓“自主学习”是指在教学条件下的高品质的学习；合作学习是指学生在小组或团队中为了完成共同的任务，有明确责任分工的互助性学习；探究学习是指从现实生活中选择和确定研究主题，学生通过自主、独立地发现问题，收集和处理信息、表达与交流等探索活动，活泛知识、技能、情感与态度的发展。当然并不是所有的学习主题都需要用合作学习的组织形式，也不是所有的学习主题都需要用探究学习的方式来

进行。对一些学习内容来说，不仅个体学生的组织形式是必不可少的，接受学习也是必要的。在实际教学中，教师要多让学生接触一些开放性问题，在对这些问题的认识和理解上，不追求大统一，不搞“一言堂”，不设计标准答案，不轻率地否定学生的探索，积极鼓励学生向书本挑战，鼓励学生另辟蹊径，多视角、多层面地探索和研究问题。教师也要鼓励学生走出课本，走出课堂，在广阔的大千世界中学习知识。总之，“应该让我们的学生在每一节课上，享受到热烈的、沸腾的、多姿多彩的精神生活”。

新课程改革为广大教师提供了一个展示自我才能的广阔舞台。我们应该不断学习、不断探索，根据自己学校的客观条件和学生的实际情况，探索出一套适合自己和学生的教学方式。我们应努力做到：人人学有价值的数学，人人都能获得必需的数学，不同的人在数学上能得到不同的发展。

在高中数学中对集合语言的认识

数学语言与日常语言不同，日常语言是习俗的产物，也是社会和政治运动的产物，而数学语言是慎重的、有意义的而且经常是精心设计的。凭借数学语言的严密性和简洁性，数学家们就可以表达和研究数学思想，这些思想如果用普通语言表达出来，就会显得冗长不堪。例如，表示过坐标原点平分第一象限角的直线是纵坐标横坐标相等点的集合。

在高中阶段，学生正处在形成连贯逻辑思维的时期，养成学生清晰而有条理地表达自己的数学思想，倾听别人的意见，并养成分析习惯极为重要。他们应该学会正确使用数学符号和数学语言，他们应善于与他人进行合作。集合教学提供了这样的机会，我想这就是集合的教育价值。集合是高中数学教材中学生接触到的第一个概念，集合语言是一种基本的数学语言，学生若能掌握好这章内容，不仅能为今后的数学学习打下一个良好的基础，而且可以增进其学习数学的信心。集合在高中课程中的定位是这样的，集合语言是现代数学的基本语言，使用集合语言可以简洁准确地表达在数学中的一些内容。这里强调的是在数学中的一些内容，而不是全部内容。任何一种语言，

只是利于我们表达的工具。高中数学是将集合作为描述和表达问题的一种语言来学习的，学生应学会使用最基本的集合语言表示有关的数学对象，发展其运用语言进行交流的能力。我认为在教学时应以这一整体要求来把握集合的教学。集合作为一个数学的概念，对于数学的分类思想起了促进的作用。集合主要是把各种不同的事物刻画清楚。为了厘清集合在整个课程中的一个定位，我们应该厘清课程的一个基本脉络，应该考虑与集合有联系的已学内容和将要学习的内容。

集合是高中数学中重要的数学语言。它贯穿于整个高中数学学习。例如，在数系中用来表示自然数集、有理数集、实数集、复数集。几何图形是点的集合，函数是数的集合间的映射，概率统计要涉及随机试验下可能出现结果的集合……集合在数学各部分内容的讨论中随处可见。关于集合等内容的符号表示法，是整个高中数学各部分内容都要使用的基本数学符号语言。高中数学教学对学生使用数学语言的要求比初中数学教学有明显提高，即要求表达问题时语言更准确、更简练、更规范。符号化是数学语言的一个显著特征，随着教学内容的不断扩充和抽象性的加强，高中数学要使用更多的符号和术语。

集合语言的学习和其他语言的学习一样，需要一个过程。例如，函数概念可以用描述性语言直观表征（初中阶段），也可以用集合与对应的语言抽象表征（高中阶段），还可以用更抽象的关系语言来表征（大学阶段）。这是与学生心理发展水平相适应的，因为“学习从属于发展”。同时，数学概念可以在不同层次上得到表征，这也为螺旋上升地安排学习内容提供了可能。作为一门语言，首先要掌握这种语言的表述方式和规

则，其次要利用这门语言来表述数学问题。这些内容的掌握是需要一个过程的。一方面，我们可以利用集合语言复习、梳理已有知识，以学生已有的知识作为学习集合的载体，如用集合表述自然数、整数、一元一次不等式的解、方程和方程组的解等；另一方面，随着学习内容的不同，我们可以这些内容为巩固集合语言的载体。比如，可以从集合与元素的关系角度分析图像和图像上点的关系；通过不等式的学习，深化学生对一维点集的认识；借助线性规划问题，让学生深刻体会用集合刻画平面点集的简洁明了特点；在概率教学中，用集合的观点帮助学生理解基本事件和样本空间、用集合的观点把握事件之间的关系（互斥事件、独立事件）；等等。

在教学中教师可以运用集合思想建立数学概念系统，或在复习教学中帮助学生归纳、整理数学知识。对于数学学习来说，教师要帮助学生养成这样一种集合的思维习惯：善于把在某些方面有类似性质的对象（或满足某一条件的对象）放在一起视为一个集合，然后利用集合的有关概念或通过集合的有关计算来研究和解决问题。

集合思想在数学概念上主要表现为一个概念是另一个概念的一般化，或此概念是彼概念的特殊情形。

例 数列 $\{a_n\}$ 是等差数列，$a_1=50$，$d=-0.6$。求此数列的前 n 项和的最大值。

分析：数列的定义域是正整数集（或它的有限子集 $\{1、2、3、4\cdots\cdots n\}$），因此可把数列作为特殊函数理解。

思路1：表示等差数列的孤立的点在直线上，因此可应用单调性。由 $a_1=50$，$d=-0.6$，得 $a_n=-0.6n+50$，令 $a_n\leqslant$

0，有 $n\geqslant 84.3$，即从第 85 项起以后各项均小于 0，所以 $(S_n)_{max}=S_{84}=2108.4$。

思路 2：等差数列的前 n 项和 S_n 是关于 n 的二次函数，可用二次函数的方法处理。

当 n 取接近于对称轴的自然数，即 $n=84$ 时，S_n 达到最大值 $S_{84}=2108.4$。

选修 2－1：命题及其关系，圆锥曲线与方程；

用集合关系理解推理关系。

集合思想沟通了数和形的内在联系，使由某个图形性质给出的点集和满足某性质的实数对组成的集合建立起一一对应的关系，进而使中学数学能够用代数方法解答几何问题，能够对代数命题给出几何解释，还能够通过几何图形来解决代数问题。例如，新教材的球、椭圆、双曲线、抛物线等概念都是用集合定义的，既形象又直观，便于学生理解。

例 集合 $A=\{(x,y)\mid y=x+m\}$，$B=\{(x,y)\mid y=-\sqrt{x^2-4}\}$，如果 $A\cap B$ 是单元素集，求 m 的取值范围。

分析： 集合 A 表示的是斜率为 1 的一组平行直线，集合 B 表示的方程变形为 $x^2-y^2=4$（$y\leqslant 0$），表示双曲线 $x^2-y^2=4$ 在 x 轴下方的部分（包括两个交点），而 $A\cap B$ 是单元素集，则说明直线与半双曲线有一个公共点。

将双曲线的一条渐近线 $y=x$ 分别向上、向下平移，可得 m 的取值范围是 $m\leqslant -2$ 或 $0<m\leqslant 2$。

只有深刻理解集合概念，明确集合中元素的属性，熟练地运用集合与集合的关系解决具体问题，才能读懂并运用集合语言描述数学命题和实际问题。

一方面，集合语言是现代数学的基本语言，集合语言的使用，有利于数学学习者和研究者简洁、准确地表达数学内容。将集合作为一种语言来学习，可以促进学生运用数学语言进行交流的能力。另一方面，集合反映的数学思想，在越来越广泛的领域得到应用。只有掌握了集合的特征性质描述法及集合之间的相互关系，才有可能使学生简洁、准确地表达数学对象和结构，更好地使用数学语言进行交流，进而提高学生运用集合的观点研究和处理数学问题的能力。

高中课堂教学如何调动课堂氛围

在高中教育中，营造积极、互动、富有吸引力的课堂氛围对于提高学生参与度、提升学生学习效果具有至关重要的作用。以下是我的一些具体方法和策略，用于调动高中课堂氛围。

一、建立良好的师生关系

“亲其师，信其道。”建立良好的师生关系是调动课堂氛围的重要基础。教师应该尊重学生的个性，以平等、友好的态度对待学生，让学生感受到被尊重和被关注。例如，教师可以经常与学生交流，了解他们的学习情况和生活状况，帮助他们解决问题，增强师生之间的信任和友谊。

二、采用生动有趣的教学方式

采用生动有趣的教学方式可以有效地调动课堂氛围。例如，教师可以采用幽默风趣的语言、形象生动的比喻、具体实例、互动游戏等方式，激发学生的兴趣和热情，让他们更加积极地参与课堂。

三、设置明确、具有挑战性的学习目标

设置明确、具有挑战性的学习目标可以激发学生的好奇心和求知欲，促进课堂氛围的调动。例如，教师可以根据学生的实际情况，设置不同层次的学习目标，让学生有明确的学习方向，同时也能够让学生体验到完成挑战的成就感。

四、创造互动、合作的学习环境

创造互动、合作的学习环境可以促进课堂氛围的调动。例如，教师可以采用小组讨论、团队合作、互动问答等方式，让学生在互动中交流思想，分享经验，共同学习。这样的学习环境可以让学生更加主动地参与课堂，提高学习效率。

五、给予及时、具体的反馈和激励

给予及时、具体的反馈和激励可以让学生感受到自己的努力得到了认可和鼓励，促进课堂氛围的调动。例如，教师可以对学生的表现给予及时的肯定和表扬，同时也可以给予学生建设性的意见和建议，帮助学生进一步发展和提升。此外，教师还可以采用积分、排名等方式，对学生进行激励和鼓励，激发他们的学习热情和竞争意识。

六、引入实际案例和实际问题

引入实际案例和实际问题可以让学生感受到学习的实用性和价值，促进课堂氛围的调动。例如，教师在讲解数学知识时，可以引入一些实际问题的解决方式，如投资理财、建筑物

设计等；在讲解物理知识时，可以引入一些实际案例，如汽车刹车系统的原理等。这样的教学方式可以让学生更加深入地理解知识，同时也能激发他们的学习兴趣和热情。

七、利用现代化教育技术

利用现代化教育技术可以有效地调动课堂氛围。例如，教师可以采用多媒体教学，通过图像、声音、动画等方式，让学生更加直观地理解知识；可以采用在线互动教学，让学生在网络上交流和讨论，增强学习的互动性和实效性。

总之，在高中教育中，营造积极、互动、富有吸引力的课堂氛围是提升学习效果的关键。教师应该采用多种方式和方法，激发学生的兴趣和热情，让他们更加主动地参与课堂，提高学习效果。同时，教师也应该不断探索和创新教学方式，不断改进和完善自己的教学方法和策略，为学生提供更加优质的教育服务。

高中数学教师的角色定位

在新课程改革的背景下，高中数学教师的角色定位已经发生了变化。教师不再只是知识的传递者，而是学生学习的引导者、激励者和评价者。本文将通过分析数学教师的职业特点、师生互动方式、教学策略和评价方式，阐述高中数学教师的角色定位及其重要性。

一、数学教师的职业特点

数学是一门基础学科，具有严谨性、抽象性和应用性等特点。这要求数学教师不仅要具有扎实的数学知识和教学技能，还需要具备严谨的思维和逻辑推理能力，以及灵活运用数学知识的能力。在新课程改革的背景下，数学教师还需要具备创新精神和实践能力，不断更新教育观念，探索适合学生的教学方法和手段。

二、师生互动方式

师生互动是在教学过程中的重要环节，对于学生的学习效果有着至关重要的作用。在数学教学中，师生互动应该以问题

为导向，引导学生主动思考、交流和合作。数学教师应该通过提问、讨论、讲解等方式，激发学生的思维，帮助学生理解数学概念和原理，掌握解题方法。同时，数学教师还应该营造轻松、民主的课堂氛围，鼓励学生提出问题和质疑，促进师生之间的交流和互动。

三、教学策略

教学策略是指在教学过程中所采用的方法和手段，直接关系到学生的学习效果。在数学教学中，教学策略应该以学生的认知规律为基础，以问题解决为核心，以学生的发展为目标。数学教师应该通过创设问题情境、启发学生思维、提供解题方法等多种方式，引导学生主动探究和发现，培养学生的创新精神和实践能力。同时，数学教师还应该注重与其他学科的交叉融合，拓宽学生的知识视野，培养学生的综合素质。

四、评价方式

评价是在教学过程中不可或缺的环节，对于学生的学习效果和教师的教学质量都有着重要的评估作用。在数学教学中，评价方式应该注重学生的过程性表现和综合素质，包括课堂参与度、作业完成情况、考试成绩等多个方面。同时，数学教师还应该注重评价的多样性和可操作性，采用不同的评价方式，如小组讨论、项目汇报、自我评价等，全面了解学生的学习情况和综合素质。

综上所述，高中数学教师的角色定位已经发生了变化，不再是单一的知识传递者，而是学生学习的引导者、激励者和评

价者。数学教师应该具备扎实的数学知识和教学技能，注重师生互动和问题解决，采用多种教学策略和方法，全面评价学生的学习情况和综合素质。只有这样，才能更好地适应新课程改革的要求，为学生的全面发展提供有力的支持和保障。

高中数学中函数思想的应用与实践

高中数学是中学阶段最为重要的学科之一，涵盖了大量的数学知识和思想。函数是描述自然界和人类社会中各种量的变化关系的重要工具之一，因此函数思想在高中数学中具有非常重要的地位。函数思想的应用可以帮助学生更好地理解数学中的各个领域，提高其解决实际问题的能力。本文将探讨在高中数学中函数思想的应用与实践。

一、函数思想在高中数学中的应用

1. 在方程中的应用

在高中数学中，方程是一种重要的数学工具。方程的本质就是求解未知数，而函数思想可以很好地应用于方程的求解。例如，在求解一元二次方程时，教师可以通过将其转化为二次函数，并利用二次函数的图像和性质来求解方程的根。此外，在求解高次方程时，教师也可以利用函数思想将其转化为多个一元二次函数的组合，进而求解方程的根。

2. 在不等式中的应用

不等式是高中数学中的另一个重要知识点。函数思想也可

以很好地应用于不等式的求解。例如，在求解一元一次不等式时，教师可以通过将其转化为一次函数，并利用一次函数的图像和性质来求不等式的解集。此外，在求解多元不等式时，教师也可以利用函数思想将其转化为多个一元一次或二次不等式的组合，进而求不等式的解集。

3. 在数列中的应用

数列是一种离散的函数，因此函数思想也可以应用于数列的学习。例如，在求解等差数列和等比数列的通项公式和前 n 项和时，教师可以将其转化为函数的形式，并利用函数的思想进行求解。

4. 在几何中的应用

高中数学中的几何学也是重要的数学分支。函数思想也可以应用于几何学的学习。例如，在遇到平面解析几何中的直线、圆、椭圆等图形的问题时，可以通过将其转化为函数的形式，并利用函数的思想进行求解。

二、函数思想在数学教学中的应用实践

1. 加强函数概念的教学

要使学生能够运用函数思想解决实际问题，首先需要加强函数概念的教学。教师可以通过实例和演示来帮助学生理解函数的概念和性质，并引导学生掌握函数的表达方式和应用方法。同时，教师还可以通过练习和作业来巩固学生的函数知识，提高其应用能力。

2. 结合实际案例进行教学

结合实际案例进行教学是提高学生应用能力的有效方法。

教师可以选取一些与日常生活相关的案例，如汽车行驶的路程和时间的关系、人的身高和年龄的关系等，来引导学生利用函数思想进行分析和求解。这样不仅可以帮助学生理解函数的概念和应用方法，还可以提高其解决实际问题的能力。

3. 开展小组讨论和合作探究

小组讨论和合作探究是促进学生主动学习和合作学习的有效方法。教师可以组织学生开展小组讨论，引导学生进行合作探究，让学生在互相交流和合作中掌握函数思想的应用方法。同时，教师还可以通过小组评价和反馈来及时发现和解决学生在学习过程中遇到的问题。

三、结论

函数思想是高中数学中的重要思想之一，其应用广泛，涉及数学的各个领域。加强函数概念的教学、结合实际案例进行教学、开展小组讨论和合作探究等方法可以有效地促进学生对函数思想的理解和应用，提高其解决实际问题的能力。

悟

·

教学经验与心得

2022年高考复习心得

2022年的高考已然落幕，在各位领导的关怀支持下，一中北校取得了比较突出的成绩。关于如何复习备考，如何提高学生的成绩和学习能力，结合今年高考，我有以下看法：

第一，夯实基础，以基础促能力。俗话说“基础不牢，地动山摇”，基础知识是最重要的，但又往往是最容易被学生忽略的。就拿数学来说，有些学生总认为，定义有什么好背的。可事实上，学生口中的“马虎大意看错题目”，往往就是因为基础知识掌握得不够牢。例如，在今年的高考数学中，第四题考了棱台的体积公式，这是要求掌握的知识点，却有不少学生出了考场反映自己没有记住。还有今年的互质，都是基础中的基础，却很容易被忽略。因此，在教学过程中，我们要重视学生基础知识的学习，避免因基础知识掌握不牢而造成不必要的失分。首先，对于常用公式和基础定义，每天都要提问，所以，高三提问检查一定要有，不要因为进度而不提问，不检查。其次，各种结论更应及时补充，二级结论，对于物化组合一定要背。但要注意，补充的结论应是发挥优化运算的作用，而不是发挥跳过解题逻辑的作用。最后，基础题型要常抓不

懈，不管怎么变，基础不能忘，而且要让学生摒弃只用几个公式或是几个结论就想秒杀一道大题的思想，新高考反押题倾向明显，扫除盲点，扎实基础才是王道。

第二，科学训练，以训练拓能力。学生要把学到的理论知识应用到解决问题中，这在很大程度上依赖训练，通过大量训练，学生才能够深入理解所学的知识。除了学校组织的各种考试，我们坚持每周一考，而且坚持逢考必出分，出分必分析，分析必反馈的原则。特别是一模以后，考试成了常态，一定要坚持训练。首先，我们在挑选学生的训练题目时，不能再以老思想来定义“好题”“坏题”了，更不能主观固定哪些内容是必考重点，哪些是非重点考查，就像今年双曲线考了，抽象函数也考了，所以各种题型都要尝试。其次，我们应注重外省题目，不要拘泥于本省，打破常规，打破旧思维，“广撒网，多敛鱼”，学生题型见得多了，自然能在考试中占有优势。最后，在大量训练中，我们还要引导学生发现各知识点的关联，单靠题海战术已不足以满足新高考的要求，我们得为学生造“两片海”。对于资料，我们可以用学校发的资料，也可以挑选一本，以学案的形式，一案到底。

第三，精打细算，以时间保能力。想要提数学成绩，必须依靠时间。首先，数学复习备考环环相扣，必须精打细算，时间要得到保证。每周都要进行定时测试，大考小考必须保证，规划好各轮复习的时间节点，不浪费一分一秒。2019 级的网课上得比较多，课程和时间安排非常合理，这同样也是我们在疫情的压力下，取得好成绩的关键。其次，寒假的时间更要利用起来，每科 11 套题，隔两天发答案，留给学生充足的做题

和改题时间。最后，寒假后我认为要尽量缩短二轮复习的时间，一模后直接做题，不要拖拉，以免把学生框死了，要给学生足够的考试做题时间，让他们逐渐适应考试的感觉，以免进了高考考场紧张心慌。

第四，调整心态，以心态提能力。高三是整个高中阶段的末尾，更是教师和学生压力最大的时候。首先，教师要调整好自己的心态，不要焦虑。要多与学生谈话，在舒缓学生压力的同时，也可以调整自己的情绪。其次，发现每一个学生的闪光点，对成绩进步的学生要及时予以鼓励，但不要因为到了高三就不去责罚学生，该批评时仍要批评。最后，教师要注意调整好学生的心态，特别是二模后，因成绩变动，学生的压力陡然增大，不能让学生放弃，丢掉信心，整个高三都要做好学生的心理工作。

2022 年期末考试试题报告与反思

本次高一期末考试试题以考试大纲为准，着重考查基础知识和基本做题方法，基本涵盖了高中数学必修一在高考中考查的所有知识点。试卷注重对学生基础知识的掌握、计算能力和思维能力做出考查，难度不大但考查了学生做题的灵活性。

试题内容比较全面，有综合性，能全方位考核学生对这学期所学知识的掌握程度。在题目安排上，由易到难，题量适中，分数的分配也比较合理，做到了以生为本。

一、试卷分析

第一大题，选择题，共 12 个小题。前 5 个小题较为简单，考查了有关集合、三角函数、复合函数的基础知识；第 6 小题和第 8 小题分别是三角函数和指数、对数函数的比较大小，考查了三角函数运算与对数运算的相关知识；第 7 小题，将对数运算带到了声音强度这一实际问题中，考查学生数学探究能力；第 9、10 两小题是对三角函数诱导公式和图像性质的考查；第 11 小题考查的是函数奇偶性、值域等知识点，以及根据表达式做出函数的大致图像的能力；第 12 小题考查了基本

不等式相关知识点。

第二大题，填空题，共 4 个小题。第 13 小题考查了根据特殊点求函数表达式的知识点；第 14 小题考查了指数函数和对数函数运算的相关知识；第 15 小题考查了三角不等式的知识点；第 16 小题以新情境问题考查了函数零点、已知函数表达式求未知参数和函数的最值相关知识点。

第三大题，解答题，共 6 个小题。第 17 小题考查了三角函数图像性质，题目比较基础；第 18 小题考查了指数函数和对数函数运算和集合的相关知识，第二小问涉及集合的交集，要注意空集的讨论；第 19 小题和第 20 小题分别考查三角函数诱导公式和不等式求解；第 21 小题以“中美贸易摩擦”为背景，引导学生增强社会责任感，考查函数的最值求解和基本不等式的相关知识；第 22 小题是对函数奇偶性、单调性和零点等知识的综合考查，知识点涉及广泛。

二、学生分析

1. 学习态度

学习态度是很重要的，高中数学需要循序渐进、稳扎稳打，需要做题理解，学生应改变一些错误的想法，要勤于总结，善于思考。

2. 学习方法

学习数学的方法不只是多做题，还有很多技巧：

（1）预习。教师要求学生先看课本，再做学案，带着问题去听课。

（2）上课。学生带着预习的问题来到课堂，紧跟教师思路。

（3）作业。学生要先复习当天的内容再做作业，并且限时、独立完成。

（4）小结。一天一小结，一周一大结，总结学习方法和做题技巧。

对于以上方法学生不会自己想到，所以教师要向学生渗透，不但渗透解题方法，还要渗透学习方法。

3. 时间分配

学生不会合理分配时间，把握不住重点。

4. 答题规范

平时加强对于答题格式的规范性训练，以高考的标准要求，防止学生在正规考试中出现因答题不规范而失分的情况。

三、总结与反思

学校通过这次期末考试，既让学生了解自己这段时间的学习状态，也让教师了解教学效果，对教学设计、教学方法及时做出调整，为下学期教学工作提前做好准备。

从本次试题来看，基础题和常规题所占比例较高。因此，在今后的教学中，教师更应重视基础知识的教学和对学生基本能力的训练，要重视和回归教材，充分渗透题目背后的数学思想，如数形结合等思想，加强板块知识的融合教学，引导学生用数学思维解决实际问题；引导学生不要一味“机械刷题”，督促学生多总结反思。

我认为今后应做到以下三点。

1. 培养学生良好学习习惯

现在大部分学生对学习不会举一反三，缺乏学习的主观能

动性和创造性。教师要提高学生的逻辑思维能力，帮助学生弄清知识体系与知识内容，总结知识结构，今后要努力改进教学方法，引导学生形成积极的学习态度，养成良好的学习习惯。

2. 立足基础，拓展练习

教师在课上除了教学基础知识，让每一个人都掌握外，在练习的设计上也要做到精心、有层次，既能让所有学生学会知识，又要让好学生“吃得饱”，在题型变换上下些功夫，培养学生的举一反三和灵活应变能力。

3. 培养活用知识的能力

教师要多准备一些与生活有联系的题目，把学生的学习真正引向生活、引向社会，从而有效地培养学生解决问题的能力。教师要把好的经验、方法传授给学生，并通过及时、有针对性的练习去进行巩固，将这些经验转化为学生自己的东西。

四、更新教育教学理念，帮助学困生走出困境

从考试成绩可以看出，学生数学学习的两极分化现象初显。教师要坚信学生有潜力可挖，要切实做好学困生的教育工作，树立每一个学生都可以成功的信念，并以这一信念为指导开展自己的教学工作。

2022年线上教学心得

受疫情影响，我们又开始了线上授课。这次线上授课因为有了2020年的经验，我们一中北校高一年级组很快制定了线上课堂实施细则，从课程规划到随堂练习再到课后作业，我们都进行了合理的安排。

一、线上教学，设备资源是基础

为了让硬件过关，我们也是苦思了很久。设备方面，我是用了一台台式电脑，然后准备了一个外置摄像头，计算机的作用是让学生看到课件以及电子学案，外置摄像头的作用是让学生看到我书写的内容。因为数学需要书写的东西太多，而在计算机上用鼠标去写，写得很不规范，所以我让学生通过摄像头看到我所写的内容。我们同组的韩玉康老师，用的是一个类似于书写板的东西去书写。同时，还要调试好自己的网络环境、授课环境，网速要快，授课环境要安静。资源方面，我们提前准备好了课件，学案在放假前发给学生，让学生手里有纸质物品，尽量还原课堂氛围。

二、线上教学，课堂效率是关键

（1）授课开始前，找几位同事或者学生进行试播，检查画面是否清晰，声音是否清楚，测试一下连麦和弹幕发送功能，对出现的问题及时调整，这样就能保证线上教学顺利进行。

（2）课堂互动环节要多样。课前签到，既可以提醒学生马上要上课了，也能看出哪些同学及时听课了。选择题我会指定学生打在公屏上，填空题，如果好输入的也可以。大题如果需要必要的展示，我会指定学生拍图片发给我，然后在大屏幕上展示给大家看。遇到提问概念、公式我选择连麦。除了打在公屏上，其他两个都需要耗费课堂时间，所以也要适量安排。

（3）课堂容量要适中。线上授课毕竟不同于在教室，内容不一定要多，但要确保能讲清楚，同时语速一定要慢，确保学生能听清，并留给学生记录的时间。在课堂结束后，我们第一时间把课件、电子学案分享到群里，让没有记录下来的学生去记录。

（4）条件允许的话，多板书，而不是念课件。我个人认为念课件和让学生跟着自己的板书走，效果是不一样的。所以我会通过外置摄像头更多地去展示我的板书过程，让学生的思路跟着我的板书走，特别是图像这部分，图像特别多，如果只是给学生在屏幕上展示一幅图，太枯燥了，学生经常记不住，我认为领着他们一起画，可以让他们记忆更加牢固。再一个，用的笔要粗，这样才能让学生看得到，看得清。

（5）授课风格尽量幽默，提高学生兴趣。数学不像其他学科，比较枯燥，语文、英语、政史地生都有视频、音乐、典

故等，物理化学有实验，所以如果数学一直在讲，而不出现一些提神的环节，学生走神的现象就会比较严重，因此在课堂中适当讲一些故事，可以提高学生兴趣。

三、线上教学，课下作业要抓牢

数学只靠讲，不练根本不行，所以必须布置作业，家校本必须用起来。虽然批改作业比较累，很辛苦，但是还好，钉钉的语音批改很好用，批量批改也很方便。我们领导提倡，尽量让批改有温度，意思是如果可以的话，我们要给学生一个评语。另外，作业也可以是笔记或学案的整理情况，检查作业就是检查学生的整改情况，学生必须在课后将所学知识整理下来。

四、线上教学，学生数学学习心理要关注

对于数学来说，目前学到了函数的基本性质、单调性、奇偶性这部分内容，其重要程度、抽象程度不言而喻，教师讲课的难度大，学生学习的困难程度也可想而知。所以要通过钉钉与学生多交流，帮他们答疑解惑，同时要多鼓励学生，不要放弃数学学习。

虽然有了以前线上授课的经验，但是我们现在的困难还是很多，如高一新生开学一个多月就让他们上网课，而且内容还是那么抽象、难懂的函数的性质，这都是我们遇到的很大的挑战。

综上所述，我认为最重要的还是课堂，向课堂要效率，抓住这仅有的一段可以与学生近距离接触的时间，是最关键的。

在复习备考中的常见误区

一、学生学习方面存在的问题

1. 理念不清

部分学生认为高考复习就是把高中数学课的内容再重新学一遍，所以，他们认为只要上课记牢，作业做好就可以了。虽然在课堂上听得很认真，作业做得也很认真，但由于从来没有去想听了什么，做了什么，自然提高不明显，在遇到新情境的问题时解决不了。建议复习的对策是在调动学生学习积极性，提高他们的学习兴趣的同时，帮助他们养成在课前几分钟自觉地对本堂课的要点进行梳理的习惯，或者教师将本堂课的要点梳理设计成练习，课前发给学生去回顾、思考。

2. 眼高手低

一些基础相对较好或思维反应较快但比较粗心的学生，往往眼高手低，喜欢看看题目，稍微动动笔，答案一写了事。由于他们在平时解题只是写个简单答案，不注意解题步骤和过程的规范，导致一些细节考虑不周全，考试中扣分过多，甚至碰到很熟悉的题目，在考试中却没了思路。所以在平时的练习和作业中必须要求学生写出完整的步骤，提高学生的表达能力。

3. 只练不想

只埋头拉车，不抬头看路。高考复习资料五花八门，在没有掌握复习方法时，只埋头苦练，拼命做题，往往会事倍功半。在复习中应边练边想，不搞题海战术，强化自我总结。学习数学离不开做题，做的题要精，并在做题后认真反思、分析，总结出一些问题的规律，并找出自己存在的问题，真正掌握解题的思维方式，内化为自己的能力，努力争取达到做一题、得一法、会一类、通一片的学习效果。

二、教师教学方面存在的问题

1. 跳入题海，盲目追求进度，复习走了过场

在首轮复习中，要脚踏实地，抓好落实，复习一点就要掌握一点，不要盲目追求进度。不要因为第二、三轮复习有足够时间而对基础知识的复习走过场、赶进度，否则就是把知识“炒成夹生饭”，得不偿失。好的复习方法是要夯实基础。学生课前对基础知识进行复习，教师在课堂上对要点知识进行梳理，学生课后再全面回顾，才能形成自己的知识体系。同时，数学复习的出发点与落脚点都是培养学生自己独立解决问题的能力，所以若在首轮复习中过快、赶进度，学生既来不及巩固原有的基础知识点，也谈不上全面提高。

2. 以复习资料为中心，对回归基础重视不够

在教学中，我们选择的高考复习资料例题往往是偏难的，一些教师完全跟着复习资料走，一些教师则喜欢再选一些好题、巧题，认为站得高看得远。其实不然，起点过高，学生遇难题耗时过多，精力集中于几个难点，不免扔掉了大块的基础

知识。只有夯实基础，才能提高能力。没有基础，能力提升就成了无源之水、空中楼阁，还可能会导致一部分学生对数学学科产生畏惧心理，人为地给高考复习设置了障碍。现在高考命题内容也在回归基础、回归课本，主要针对学生的基础和能力。我们认为在首轮复习中要淡化特殊的技巧，不要急于推出较大难度的“综合题、创新题”；在复习中要强化通性、通法，特别要注意小题大题化，小题综合化；在课堂的有限时间里让学生真正掌握我们最容易想到和掌握的大众化方法。

数学复习备考的几个细节

一、加强互研，团结协作

坚持集体备课制度，研究复习资料内容的增与删，做好测试后的试卷分析，交流情况找差距，以及收集信息把握复习方向。

二、整合教材，勤督常查

一些重要的内容再评析一遍，一些重要的教材习题再做一遍。对于学生复习资料做的情况，教师每周要逐人查一遍，每月要逐人批改一次。

三、深入细致，及时补漏

抓易错点，做好解题后的改错反思。复习不同于上新课，不仅仅是旧知识的重现，也是一个再学习的过程。由于“先入为主”形成的错误定式，在复习过程中，易错点难免会出现，不易改正。只有认真追根溯源，查找错因，教训才会深刻。有时还有必要将多套试卷集中在一起分析，查找自己错误

的规律，才能清醒地查漏补缺，把问题解决在高考前。要做好解题后的反思。在解完题目之后，学生要不失时机地回顾下述遇到的问题：在解题过程中是如何分析、联想、探索出解题途径的？问题解决的关键是什么？在解决问题的过程中遇到了哪些困难？又是怎么克服的？还有更好的解法吗？解答本题用到了哪些数学方法？这样，学生通过解题后的回顾与反思，有利于发现解题的关键所在，并从中提炼出数学思想和方法。因此，在解题后，学生要经常总结题目及解法规律，只有勤反思，才能“站得高，看得远，驾驭全局”，才能提高自己分析问题的能力。

四、优化过程，规范格式

要养成良好的演算习惯，提高运算能力。数学高考历来重视运算能力，80%以上的考分都要通过运算得到。部分运算能力差的学生还没有把运算能力看成是一种能力，往往将运算能力差归结于粗心，认为平时运算是浪费时间，在高考时只要细心就没问题，这种错误认识是十分有害的。提高运算能力，首先，要求学生多动脑，勤动手，坚持长期训练，要能够根据题设条件，合理运用概念、公式、法则、定理，提高运算的准确性。其次，学生要寻求与设计合理、简捷的运算途径，提高运算的合理性与简捷性，适当注意近似计算、估算、心算，以想代算，提高运算速度。最后，学生对复杂运算要有耐心。

五、强化技巧，调适心理

高考取得好成绩也离不开临场发挥，所以在平时测试中需

要培养学生应试技巧，使学生调整好应试心理，如“先易后难、先高后低、先同后异、合理分配时间、细读快写”等应试技巧需要长期训练才能培养起来。重视每一次训练机会，把平常的考试当作高考。

数学复习课的几点感悟

复习课，是高中授课的一类重要课型，在高三，复习课更是最重要的课型。我结合自己的教学实际，谈一下自己对于高三复习课的一些见解和感悟。

一、要充分体现以学生为主体

复习课与新授课的一大区别在于，新授课是教给学生从没接触过的知识，学生新鲜感强，兴趣足，而复习课是唤醒学生已学知识，加以巩固。如果我们忽略学生的感受，只是自顾自地“满堂灌”，就会让学生陷入疲惫状态。作为教师，我们是主导者，是整堂课的组织者、引导者、促进者、解惑者，我们应该把课堂还给学生，让学生先自学，自我唤醒；提出一些引导性问题，让学生先思考；一些需要总结的结论，让学生先探究。让整堂课的探究环节、合作环节多一些，体现以学生为主体，以活动为主线。

二、概念定理复习要紧跟实例

在高中数学教学中，概念教学比较多，那么在复习课中，

我们要如何复习呢？我认为一定要联系实际，将知识问题化，问题序列化，通过“具体问题的思考和练习”带动基本概念和基本原理的复习。例如，在复习投影向量的概念的时候，我们不能只提出概念、公式就完了，要结合一个具体实例，用定义下的公式做一遍，坐标化后再做一遍。如果只是单纯罗列基本概念和原理，缺乏与具体问题相结合，耗时多，效果也不好。

三、详略得当，精讲精练，突出重点

上课之前，教师要充分备课，知道本节课哪些是学生回顾就可以的，哪些知识点是需要教师重点复习解决的，而且一定要为这个重点精选好题目，甚至要为这个重点准备好变式题，或者提前预见学生使用的不同方法，真正把最核心的问题解决透彻，就是本节课的成功。如果教师面面俱到，内容庞杂，学生就会对知识消化不好，课堂教学成果收效甚微。

四、加强对思想方法规律的提炼与总结

如果说新授课是“见树木”，那么复习课就是“见森林”，要教会学生对学过的知识进行规律总结，提炼数学思想方法。例如，在复习立体几何线线平行时，教师要同学生一起总结高中证明线线平行的方法：线线平行的判定，线面平行的性质，面面平行的性质。例题讲解不可就题论题，教师要让学生打破原有的章节，重新归类，形成新的体系，这样能提高学生解题的灵活性，开阔学生解题思路，培养学生学习数学的兴趣。

五、合理安排复习进度，科学设计复习学案

高三复习时间紧、任务重，合理安排复习进度，显得尤为重要。集合、逻辑、复数等章节难度小，复习时间不宜过长，函数、导数、圆锥曲线体系庞大，知识点众多，复习时间应稍长。当然，我们还应从学生实际出发，如基础较差的文科生，不宜在导数、圆锥曲线上安排太多时间，反倒是应该把基础章节认真巩固好，争取更多的得分点。对于学案设计，一定要突出规范性和层次性，切不可等同于习题集或者试卷，要有知识回顾、典型例题、当堂训练、课后巩固等基本环节。一份好的学案，要有保存的价值，要能让学生以后拿出来，所有复习痕迹跃然纸上，真正成为学习的帮手。

复习课在高三极其重要，它将涵盖所有的知识点，是学生对所学知识查漏补缺的最好阵地，是整个高考复习历程的基石，我们每一位教师都要认真思考钻研教学方法，让学生取得最大收获。

数学高考复习备考的一些策略

复习质量的好坏，直接关系到高考的成败。如何提高高三数学复习的针对性和实效性？我们在研究高考试题的基础上，结合自身教学实际，有如下体会。

一、重视课本，夯实基础，建立良好的知识结构和认知结构体系

课本是考试内容的媒介，是高考命题的重要依据，也是学生思维能力的生长点。只有吃透课本上的例题、习题，才能全面、系统地掌握基础知识、基本技能和基本方法及基本思想，构建完整的数学知识网络，以不变应万变。在求新、求活、求变的命题指导思想下，高考数学试题虽然不会单纯考查背诵、记忆的内容，也不会考查课本上的原题，但通过对高考试卷的研究不难发现，许多题都能在课本上找到它们的“影子”，不少高考题是对课本题目的引申、拓宽和变化，虽然高考试题千变万化，但无论怎样变化和创新，都是基本数学问题的重组。因此，对基本数学问题的认识，基本数学问题解法模式的探

究，基本问题所涉及的数学知识理解、技能掌握、思想方法的感悟，是数学复习课的重中之重。在第一轮复习中应“低起点、中强度、细要求”。在复习过程中，我们必须再现主干知识形成的过程，注意知识结构的重组与概括，揭示其内在联系与规律，重新全面梳理知识、提炼方法、感悟思想。我们要在知识的深化过程中自觉地将其前后联系，纵横比较，适度综合，融代数、三角、立几、解几及选修内容于一体，逐步形成一个条理化、有序化、网络化的认知结构。

二、关注过程，强化数学思想方法

数学不仅是一种重要的工具，更是一种重要的思维模式，一种思想。注重对数学思想方法的考查也是高考数学命题的显著特点之一。因此，在各个阶段的复习中，教师要结合具体问题，不失时机地渗透和运用数学思想方法，通过多次再现，不断深化、逐步内化，使之成为学生能力的重要组成。常用的数学思想方法可分为三类：一是具体操作方法，如配方法、消元法、换元法、迭代法、裂项相消法、错位相减法、特值法、待定系数法等；二是逻辑推理方法，如综合法、分析法、反证法、类比法、探索法、解析法、归纳法等；三是具有宏观指导意义的数学思想方法，如传统的函数与方程的思想方法、数形结合的思想方法、分类与整合的思想方法、化归与转化的思想方法等。

在复习备考中，教师要把数学思想方法渗透到每一章、每一节、每一课、每一套试题中去，任何一道精心编拟的数学试题，均蕴含了极其丰富的数学思想方法。教师只有注意渗透、

适时讲解、反复强调，学生才会深入于心，形成良好的思维品格，在考试时才会思如泉涌、驾轻就熟。教师要将数学思想方法贯穿于整个高中数学的始终，因此在进入高三复习时就需不断利用这些思想方法去处理实际问题，而并非只在高三复习将结束时去讲一两个专题了事。

三、跳出题海，强化思维过程，提高解题质量

数学基础知识的学习要充分重视知识的形成过程，解数学题要着重研究解题的思维过程，弄清基本数学知识和基本数学思想在解题中的意义和作用，注意多题一解、一题多解和一题多变。多题一解有利于培养学生的求同思维；一题多解有利于培养学生的求异思维；一题多变有利于培养学生思维的灵活性与深刻性。教师在分析解决问题的过程中，既能使学生构建知识的横向联系，又能养成学生多角度思考问题的习惯。

数学的复习备考要“教师跳进题海，学生跳出题海”。教师有计划地精心研究全国各地的高考题和模拟题，从中精选和改编部分面目新、质量高、难度适中、针对性强的试题，有计划地组织学生训练、讲评，以少胜多，提高效益。教师对学生要求“会、对、快”，“会”即有方法，会动手；“对”即准确，指解答正确；“快”强调速度，在规定的时间内完成规定的题量。只有会，才有可能得分；只有对，才能得满分（指某道试题）；只有快，才能多得分（指整套试卷）。在复习中，首先要训练学生解题有办法，能动手，但绝不满足于此，尤其对“会而不对”“对而不全”“眼高手低”的现象要引起足够的重视。其次要从审题的仔细、思维的严谨、表述的规范、计

算的准确等方面下功夫，做到“会做的不丢分”。最后要尽可能稳中求快，对基础题提高熟悉程度，才有时间去思考新题、难题，对基础题、中档题要清楚明白，准确熟练，对难题要量力而行。

巧用目光提高教学效率

目光从表面上看，是一个人的注视方向。其实，目光是心灵的窗口，或者说是心灵的外在形态，类似于眼神与心态的关系。我国古代的孟子就已经注意到这个问题。他说："胸中正，则眸子瞭焉；胸中不正，则眸子眊焉。"

目光交流是人与人之间最基本的交流方式之一，同时也可作为最有力的教学工具。教师在与学生相处时，应以温和慈祥的目光看着学生，这样会使教师在学生心里树立一种正直可信的形象；若眼神飘忽不定，则会让学生对自己缺乏信心，那么在以后的教学工作中学生与教师之间就不能很好地配合起来，更不用说超额完成师生之间的目标了。教师与学生之间的目光交流是一门大学问，它值得教师们深入研究。

学生最渴望教师对他的目光是充满鼓励的，这样可以增强学生自身的自尊心和自信心，以及激发他们的上进心。这样的目光可以给他们力量和信心，让他们可以大胆地去做他们心中所想，大胆地表达自己的观点，这不正是当今教育所要求的，学生应做到的吗？

一种良好的课堂氛围，与师生之间的眼神交流密不可分。

课堂是教师的主阵地，教师需要借助课堂这个阵地实施教育教学，达成教学目标。在课堂教学中教师要时刻关注学生，其中师生间的眼神交流是最便捷有效的途径。所以我们应该善于用眼神与学生交流，从而提高课堂效率。

首先，刚进教室时，教师可以先环视一周，这样可以帮助学生提起精神，让他们做好上课准备；同时这也能树立教师的威信，让学生对教师的教学能力充满信心。在讲课途中每当讲到重难点时，也要与学生产生目光交流，尤其是要与学习成绩较好和较差的学生有这种交流。这既能够鼓励学习好的学生记住这个知识点，也能提醒学习较差的学生在遇到这个易错点时多多注意。知识点的掌握情况不光与学生的学习能力有关，更与教师在教授这一知识点时的神情和态度息息相关。只有目光交流得当，学生才能更好地接收教师所讲的知识。

其次，课堂上的目光交流也能让走神的同学及时调整状态，这时教师可以深深地看他们一眼，眼神里微微带一点严厉，把他们的注意力拉回来即可。目光交流也可以让教师从学生的眼神里读出，学生对这一知识点是否能够彻底理解，这对教学任务的顺利完成是有很大帮助的。如果教师从学生的眼神里读出了一丝困惑，那么教师可以对这一知识点多加注意，这样既能帮助学生解决他们的学习问题，也能帮助教师了解学生对某一部分知识点的掌握情况，在接下来布置教学任务时，教师可以对这一部分知识点多加关注。

再次，教师要用目光发现学生的动向，爱玩是孩子的天性，在课堂上总少不了有几个学生出现走神的情况。教师需要用目光关注到学生的上课神态和姿态，以此结合其学习成绩才

能正确判断出某学生最近一段时间的学习情况，以此做出调整。教师也需要用目光及时鼓励那些不自信的学生，多关注那些平时不太爱回答问题的学生。教师要及时注意他们回答问题的意向，用充满鼓励的眼神看着他们，帮助他们说出问题的答案，这样可以扫除学生内心的焦虑，从而促进学生的身心发展。

最后，教师在上课时对某学生注视较多，这个学生就会感到亲切并专心听讲。而教师对另一个学生连看也不看一眼，他会认为教师对他很忽视。教学实践经验证明，在上课时，教师要不断地在学生身上转移自己的目光，不要只停留在个别学生身上，要使每个学生都感到教师不是在上课，而是在和他进行不间断的个别谈话，这样就可以紧紧地抓住学生的注意力。在现实中，有的教师在上课时，视线长时间地停留在一点上，而不会运用巡视的眼神顾及四面八方，照顾全班学生；有的教师老盯着讲义、天花板、窗子等，不正视学生，这些都不利于课堂教学效率的提高。

教师在与学生进行目光交流时，注视的时长是很重要的，过长或过短都不能很好地达到理想的结果。巧妙运用好目光，能起到“此时无声胜有声”的效果。

在课下的交流中，良好目光交流的时长应占整个交流时长的 1/3 以上，低于这个水平则会让学生产生一种对自己所讲的内容不在意或不感兴趣、不尊重自己的感觉。若学生在因自己的生活或学习等问题需要开导或安慰时，此时，目光交流的时长应更久一点，以此向学生传达出自己的关心，这样能更好地抚慰学生的心灵。若学生因犯了错误而被批评时，教师可在一

句话的开始或结尾的地方注视学生，但要注意及时收回自己的目光。这种情况下的目光会带有攻击意味，短时的注视比长时的注视更容易引起学生的愧疚感，让学生明确地意识到自己的错误，且不易引发学生的反抗。同时在这种情况下，教师的目光应停留在学生的眼、额之间，这样学生对教师的批评既不会产生抵触，也不会漫不经心。

教师在找学生谈话时，无非以下几种情况：有时候是感觉学生情绪有波动，需要沟通了解情况；有时候是感觉学生习惯不好经常违纪，需要批评教育；有时候是学生很努力学习但是效果不理想，需要进行知识疏通和学法指导；有时候是学生表现优秀，需要进一步的鼓励和指导。不管是哪一种情况，教师在找学生交流前要做好充分的准备工作，这里就包括教师与学生的目光交流，要根据所找学生的个性特征、兴趣爱好、学习和表现的实际情况等方面制订好一个初步的交流方案，这样与学生交流起来才能做到有的放矢，达到预期的目的。

但在目光交流时，切忌出现以下四种目光：

（1）责怪的目光。这种目光容易使学生产生逆反心理，造成学生对教师的抵抗，割裂师生间的友谊，使两者矛盾激化，不利于学生健康人格的发展。

（2）漠视的目光。只顾做自己的事，不看对方说话，是怠慢、冷淡、心不在焉的表现。当讲话被学生打断，或学生突发事情打断教师的活动时，不能投以鄙夷或不屑的目光，要学会倾听，让学生表达。漠视的目光极易使学生的自尊心受到伤害，致使学生产生极大的自卑心理，任何活动都不敢积极参与，甚至对任何事情都缺乏信心和兴趣，沉默寡言，最终导致

性格上的孤僻、冷漠、自私。

（3）活泛的目光和呆滞的目光。眼球转动稍快表示有活力，但如果太快则表示不真诚，给人不庄重的印象，同时，眼球也不能转得太慢，否则为缺乏生气。

（4）看完学生突然一笑，且带有鄙夷的目光。这是不尊重学生的表现，会让学生感觉教师对自己有意见，且不愿与自己产生交流。这最容易让学生产生逆反心理，既不利于教学工作的展开，也不利于学生的身心健康发展。

目光交流不仅包含眼神，还体现在视线方面。首先，教师在讲课过程中要控制学生的视线，把重点写在黑板上，在讲到某一点时，还需要用不同颜色的粉笔画线标记，以突出重点，这就是一种控制学生视线的方法，这种方法会吸引学生的注意力。其次，在教学生一句陌生的长句子或定义时，教师可以边教边将这个句子清楚地写在黑板上，并按意思的不同用彩笔画出记号，这种教法要比教师只是口头讲授而不用板书的方法，使学生记的内容多，记得牢。最后，在个别辅导学生时，教师可以用笔或其他指示器指在正在讲的重点上，通过控制视线，可以让学生对需要掌握的知识印象深刻，使学生对某一知识点产生立体化记忆，防止他们遗忘。

语气语调在教学中的应用

语言是教学的载体，语气、语调的变化，会赋予一句话新的含义。因此，在教学中，教师的语气语调也相当重要。

第一，在课堂教学中，教师用自然流畅的语调，清新悦耳的音色，能营造轻松的学习氛围，使学生置身于良好的语言学习环境中，赋予教学新的生机活力。这也能够增强教师语言的感染力，能保证教学信息以最佳的效能输出，在潜移默化的熏陶里激发学生的学习兴趣。而毫无变化、单调呆板的语调，会令人生厌，精神萎靡。

第二，在课堂上，教师的语言要充满激情，充满激情的课堂才会让学生产生对知识的渴求，调动学生的积极性和主动性，帮助他们去探索问题。富有激情的语调可以增强感染力，保证学生全身心地投入这节课。同时语调的变化会反映讲话人感情的细腻变化，能够表达出隐藏在讲话人语言后面的情感，使学生可以从中获得更多蕴含的信息。在课堂教学中，教材大多以文字形式出现，特别是理科类的教材大多是较为枯燥的理论表述。因此，教师在授课过程中，需要通过语调的变化来呈

现教学内容。同样的教学内容，用平淡的语调和用抑扬顿挫的语调所表现出来的意义会有很大的差别。

第三，在课堂教学中，教师的语调可以激发学生的情感，增加教学的吸引力。因此，教师讲课声音的高低、轻重、快慢等都是影响学生注意力的重要因素。和谐轻快的语调可以吸引学生的学习注意力。而且在课堂上，学生能够敏锐地感受到教师上课的情绪和心态，教师若想在课堂中与学生产生共鸣，就需要体现出自己的真诚和对课堂的热爱。语调就是这种情感的载体，一个语言表达流畅、语言节奏抑扬顿挫的教师，一定会比说话语调平淡单一的教师更受到学生的喜欢。

第四，在教学中采用生动形象、幽默风趣的语言能拨动学生的心弦，激发他们的求知欲。从心理学上来讲，教师讲课时若使学生感到有趣，就会激起学生强烈的学习兴趣，使学生听起课来精神集中，记忆深刻。声调上抑扬顿挫、高低快慢的变化，是教师在课堂教学中常用的语言技巧。合理掌握声调，能有效激发学生的学习兴趣，集中学生的注意力，提高教学效果。语音语调的变化是引起学生注意的一个重要因素，无变化的语言则是导致学生疲乏、精力不集中的重要原因。

提高音量、降低音量、沉默等都是教师在教学中常用的手段。一般地讲，教师在教学中讲到关键点时，或需要强调突出某个问题时，可以提高声调，放慢速度；在讲一般性陈述和过渡性的内容时，可用中低声调交替讲解加快语速；当发现学生出现疲态时，应及时变换语音语调，以引起学生注意，使其重新兴奋起来。古人云：“感人心者，莫先乎情，莫始乎言。”

意思是说，要避免语言的空洞乏味，应当幽默风趣。如果教师像“老和尚”似的说话，只会让学生昏昏欲睡。教师可以用生动的语言和丰富的表情，再加上适当的动作，使学生更容易接受，从而在学生的学习中产生良好的影响。

走下讲台　深入学生

如果想更好地掌控课堂，教师就不要老是站在讲台上，应该及时走下讲台。走下讲台，走入学生的群体中，可以发现在讲台上看不到的细节。

让教师走下讲台的意义何在？新泰一中北校教务处处长戴化勇认为，这是一种观念上的重构。教师在课堂上的位置发生了改变，学生的学习方式也发生了变化，师生之间教与学的模式也在发生变化，看似简单的现象，其背后有很多问题可以探讨。在我看来，这只是课堂主体回归到了学生身上。

过去，老师只是站在讲台上，对学生一遍一遍地讲解知识。这种教学方法虽然可以传授知识，但是缺乏了互动和参与感。这样会让学生丧失学习兴趣和动力，影响学习效果。教师站在讲台上，学生只能去看、听，他们会产生一种错觉：老师总是会告诉我们这道题的解法的。我认为这样不对，尤其是在讲一个新的知识点时，更需要教师走下讲台，与学生站在一起，共同去对这个新的知识进行深入研究。在讲解题目时，教师也应该及时走下讲台，多问一下学生：这里是为什么。让学生也把自己带入解决问题的这一角色上，让自己参与到这个问

题的研究和得出结果的过程里，这可以让学生更容易掌握这一知识点，且不易遗忘。

走下去，不仅可以在不影响其他学生学的情况下，提醒那些容易走神或者有小动作的学生，帮助他们及时收回心绪，重新将目光聚集于课堂上。还能够看到学生的知识掌握情况，对一些学生出现的小问题能够及时解决，若出现学生大面积地犯错，也可以当堂解决，避免学生在课后犯错，从而出现错误的思维。尤其是在完成练习时，走下去看看不同水平的学生学得怎么样，存在哪些问题，或者又有哪些连教师自己也没有想到的好想法。适当的时候，也可以找那些掌握得好的学生来代替自己讲解。这样做不仅可以激发学生的学习积极性，还能发挥学习好的学生的示范作用。班里也会有一小部分学生没有勇气举手向教师说出自己的问题或一些想法，走下讲台也可以给这一部分学生展现自我的机会。

走下讲台，也意味着走入了学生当中，这样可以加深教师和学生之间的交流。传统教育是教师高高远远地站在讲台上，我认为这样极大地拉开了学生与教师之间的距离，如果这位教师比较严肃，那么学生就会产生一种畏惧心理。如果一个教师常常走下讲台，在学生中间与学生一起讨论问题，这位教师的课一定是非常受欢迎的，而且这位教师的教学任务一定会完成得非常出色。

走下讲台与学生站在一起，也意味着学生处于课堂的主体地位。其实在课堂上占据主体地位的本就该是学生。只有让学生成为课堂的主人，他们才会自发地解决自己的学习问题，进而学习和了解自己所不懂的知识。教师与学生一起讨论问题，

一起去寻找解决这个问题的思路，一起去得到那个最终答案，我相信在这一过程中，无论是教师还是学生，都会受益匪浅。学生能够对这一知识印象深刻，对这位教师更加爱戴，以后就可以更积极地配合教学工作，他们的探究精神也被发掘了出来，这极大地促进了学生的身心健康和能力发展。

走下讲台，也可以提高教师对自己的课堂要求。在让学生成为课堂的主导者后，虽然大方向把握在教师的手里，但总会出现一些小问题。这更考查教师的教学能力和学识，要让学生及时解决这一问题，防止学生到了考场上才发现这个问题。走下讲台，可以让学生更好地掌握知识，也让教师提高了教学能力，这无疑是一个双赢的做法。站在学生中间后，对自己课堂的要求更加高了。一是教态要更加自信、自然和亲切，才能让学生产生亲近感；二是语言要更加准确生动，让学生感受到教师的语言魅力；三是授课内容要更加贴切精练，授课节奏要更加有序紧凑。在讲台上授课，自己感觉像演奏家，做好自己的本分，走到学生身边以后，自己更像一位指挥家，调度着整个课堂。

若你的学生课堂积极性总是不高，那么就请走下讲台来吧。走下讲台来，与学生站在一起，共同去接受知识的洗礼，去体味那个最终答案被一起解决的乐趣。教师走到学生身边，拉近的不仅是课桌与讲台的距离，而且改变了学生对传统教育模式的普通认知，也激发了学生对知识的探索欲。教学不再是知识的单向传递，而是更加注重激发和培养学生的学习兴趣、学习能力和学习习惯。

高中概率分布列教学心得

高中概率分布列是概率论与数理统计中的重要内容，它是学生学习概率统计的基础。通过教学，我获得了以下一些心得体会：

（1）重视基本概念的理解。概率分布列涉及很多基本概念，如随机变量、概率、分布列等。在教学过程中，我注重帮助学生理解这些基本概念，从而使学生更好地掌握概率分布列的相关知识。

（2）通过实例讲解。我通过具体的例子来讲解概率分布列的概念和应用，让学生更容易理解和掌握。例如，我通过讲解投掷硬币的实验，让学生了解随机变量的概念和概率分布列的表示方法。

（3）强调应用。概率分布列是解决实际问题的重要工具，我注重讲解它在各个领域中的应用，如金融、医学、气象等，通过应用实例，让学生更好地理解概率分布列的实际意义和作用。

（4）注重练习。学习概率分布列需要大量的练习，我在课堂上布置了大量的练习题和作业题，让学生在练习中巩固知

识，加深对概念和方法的理解。

（5）强调计算准确性和方法多样性。在讲解概率分布列的过程中，我强调计算的准确性和方法的多样性。例如，在计算概率时，我采用直接计算、排除法、概率公式等多种方法，让学生掌握不同的计算方法，提高学生计算的准确性和效率。

总之，概率分布列是高中数学的重要内容，教师在教学时需要注重基本概念理解、实例讲解、应用强调、练习巩固和计算准确性及方法多样性等方面。通过不断探索和实践，我不断改进教学方法，帮助学生更好地掌握概率分布列的知识。

高中三角函数教学心得

高中三角函数是数学学科中的一个重要内容，它不仅是学生后续学习的基础，也是高考的必考知识点。在教授三角函数的过程中，我积累了一些教学心得，以下是我个人的体会和感悟：

（1）夯实基础，强化概念理解。三角函数是数学基本概念之一，包括正弦、余弦、正切等，它们之间的关系也是学生需要掌握的重点。为了让学生更好地理解这些概念和关系，我注重讲解基础知识，如角度与单位圆交点坐标的关系、诱导公式的应用等。通过对这些基础知识的掌握，学生可以更好地理解三角函数的概念和应用。

（2）注重图像，注重数形结合。三角函数的图像是理解其性质和关系的重要手段。我通过画出图像，让学生观察并总结出三角函数的周期性、单调性等性质，从而加深其对三角函数的理解。同时，我通过数形结合的方法，让学生更好地理解三角函数的应用，如利用图像求解最小值、最大值等问题。

（3）引导探究，激发学习兴趣。为了激发学生对三角函数的兴趣，我通过引导探究的方式，设计了一些与三角函数相

关的问题和活动，如让学生自己动手测量物体的高度、计算振动频率等。通过这些活动，学生可以更好地感受到三角函数的应用价值，同时也能够促进他们的思维发展和问题解决能力。

（4）注重练习，巩固学习效果。练习是巩固学习效果的重要手段。我通过布置适当的练习题，让学生加深对三角函数的理解和掌握。同时，在讲解练习题的过程中，我会注重引导学生思考，让他们自己发现和解决问题，从而提高他们的自主学习能力和解决问题的能力。

总之，教授三角函数需要注重基础知识的掌握、数形结合的方法、探究式的学习方式和适当的练习。教师通过这些手段，可以帮助学生更好地理解三角函数的概念和应用，提高他们的数学素养和解决问题的能力。

践

·

学案教学设计

“空间中直线、平面的垂直关系”复习指导

一、教材内容解析

本节课的内容是复习探究空间直线与直线、直线与平面、平面与平面垂直的定义、判定、性质，选自 2019 年人教 A 版教材“8. 6. 1 直线与直线垂直”“8. 6. 2 直线与平面垂直的判定与性质”“8. 6. 3 平面与平面垂直的判定与性质”。三种空间角以及空间中直线、平面的垂直关系是非常重要的知识点，它不仅应用广泛，而且是空间问题平面化的典型。这类问题求解的关键是根据线线、线面、面面之间的互化关系，借助创设辅助线和面，找出符号语言和图形语言之间的关系。教师通过对有关概念和定理的概括、证明和应用，使学生体会“转化”的观点，提高学生的空间想象力和逻辑推理能力。

本节内容是学习了空间角的定义，以及线面垂直和面面垂直判定及性质之后的进一步探究，进一步巩固“观察模型—直观感知—操作确认—推理证明—拓展应用”定理学习模式，培养学生空间概念、空间想象能力以及逻辑推理能力，提升学

生直观想象、逻辑推理、数学运算的数学素养。

二、教学目标设置

根据本课教材的特点，新大纲对本节课的教学要求，结合学生身心发展的合理需要，确定以下教学目标。

1. 学习目标

（1）了解空间中两条直线的三种位置关系，理解异面直线的定义，会用平面衬托来画异面直线，会用异面直线所成的角的定义找出或做出异面直线所成的角，会在直角三角形中求简单异面直线所成的角。

（2）了解直线与平面垂直的定义，理解直线与平面垂直的判定定理，并会用其判断直线与平面垂直，理解直线与平面所成角的概念，并能解决简单的线面角问题，能利用直线与平面垂直的判定定理和性质定理进行证明。

（3）理解二面角的有关概念，会作二面角的平面角，能求简单二面角平面角的大小；了解面面垂直的定义，掌握面面垂直的判定定理和性质定理，初步学会用定理证明垂直关系；熟悉线线垂直、线面垂直的转化。

2. 核心素养

（1）让学生亲身经历学以致用的过程，体验探索的乐趣，增强其学习数学的兴趣。

（2）提高学生的合情推理能力和空间想象素养，培养学生的质疑思辨能力和创新素养。

（3）让学生进一步体会几何中的公理化体系，提升学生的科学素养。

3. 教学重难点

教学重点：学生经历“观察模型—直观感知—操作确认—推理证明—拓展应用”定理学习过程，培养空间想象能力和逻辑推理能力，感悟数学中的“转化”思想，并能将此方法用于其他数学命题的学习，解决更多生活中的实际问题，所以定理的应用是本节课的重点。

教学难点：定理往往由一个较难问题开始，在具体问题中，能识别定理的应用条件，并能正确运用定理解决问题是本节课的难点。

三、学生学情分析

学生已掌握了空间角及线线垂直、线面垂直及面面垂直的概念、判定定理，对空间几何图形已具备了一定的想象能力和一定的逻辑推理能力，但在数学语言的规范使用和表述上还要加强，对综合运用线线、线面、面面垂直知识解决相关问题的能力还需进一步提高。

学生已经学习了平行系统，已经了解了定理学习的探究过程，具备了类比学习“平行”的过程来学习“垂直”的基础。由于年龄的关系，这个阶段的学生尽管思维活跃、敏捷，却缺乏冷静、深刻，因而片面，不够严谨，须依赖一定有具体形象的经验材料来理解抽象的逻辑关系。

四、教学策略分析

充分利用现实情境，尽可能增加教学过程的趣味性、实践性；利用多媒体课件和实物模型等丰富学生的学习资源，生动

活泼地展示图形；强调学生的动手操作实验和主动参与。

学生已经经历了各种定理的学习，类比之前的学习过程来探究本节课的内容。首先回顾之前的学习过程，结合“平行关系”的定理，采取“类比回顾”，启发学生回顾各类垂直定理，并寻找一个最恰当的结论来当作定理，体会课本为什么选这个结论当作定理，体会几何的公理化体系。顺势引导学生探究各种实际几何问题。

五、教学过程

（一）复习回顾

1. 异面直线所成的角

定义：已知两条异面直线 a、b，经过空间任一点 O 分别作直线 $a'\parallel a$、$b'\parallel b$，我们把 a' 与 b' 所成的角叫作“异面直线 a 与 b 所成的角”（或夹角）。

（1）异面直线所成的角 θ 的取值范围：$0°<\theta\leqslant 90°$。

（2）当 $\theta=90°$ 时，a 与 b 互相垂直，记作 $a\perp b$。

2. 线面垂直的定义

定义：如果一条直线与平面内的任意一条直线都垂直，则称这条直线与这个平面垂直。

$$\left.\begin{aligned}&l\perp m\\&l\perp n\\&m\cap n=A\\&m,\ n\subset\alpha\end{aligned}\right\}l\perp\alpha$$

（1）线面垂直的判定定理：如果一条直线和一个平面内的两条相交直线都垂直，那么这条直线垂直于这个平面。

（2）线面垂直的性质定理：垂直于同一个平面的两条直线平行。

3. 平面与平面垂直

定义：两个平面相交，如果它们所成的二面角是直二面角，就说这两个平面互相垂直。

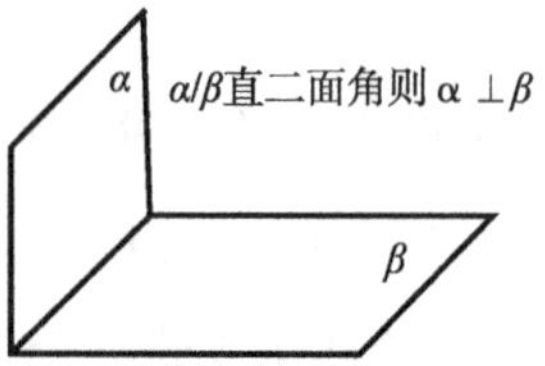

面面垂直的定义

（1）平面与平面垂直的判定：一个平面经过另一个平面的一条垂线，则这两个平面垂直。

（2）平面与平面垂直的性质：两个平面互相垂直，则一个平面内垂直于交线的直线垂直于另一个平面。

设计意图：复习引入，明确各种定义及判定性质定理，顺势引出问题探究的思考。

（二）巩固三类题目，加以应用

1. 线线关系

巩固加强一

1. 若空间两条直线 a 和 b 没有公共点，则 a 与 b 的位置关系是（　　）。

A. 共面　　　　B. 平行

C. 异面　　　　D. 平行或异面

［答案］D（若直线 a 和 b 共面，则由题意可知 $a // b$；若 a 和 b 不共面，则由题意可知 a 与 b 是异面直线。）

2. 如图正方体 $ABCDA_1B_1C_1D_1$ 中，E、F 分别是棱 C_1C 与

BC 的中点，则直线 EF 与直线 D_1C 所成的角的大小是______。

［答案］60°［连接 BC_1，A_1B（图略）

$\because BC_1 /\!/ EF$，$A_1B /\!/ CD_1$，则 $\angle A_1BC_1$ 即为 EF 与 D_1C 所成的角。

又 $\because \angle A_1BC_1$ 为 60°，

$\therefore$ 直线 EF 与 D_1C 所成的角为 60°。］

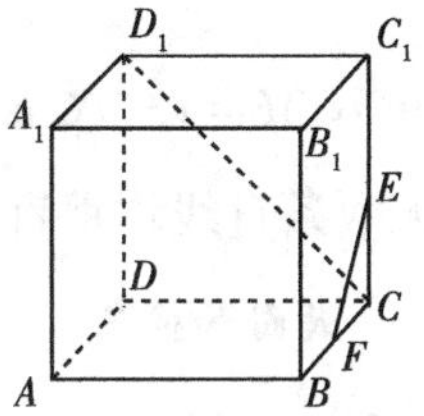

2. 线面垂直

思考：直线与平面垂直定义中的关键词“任意一条直线”是否可以换成“所有直线”“无数条直线”？

［提示］定义中的“任意一条直线”与“所有直线”是等效的，但是不可说成“无数条直线”，因为一条直线与某平面内无数条平行直线垂直，该直线与这个平面不一定垂直。

探究问题：

（1）若图中的 $\angle POA$ 是斜线 PO 与平面 α 所成的角，则须具备哪些条件？

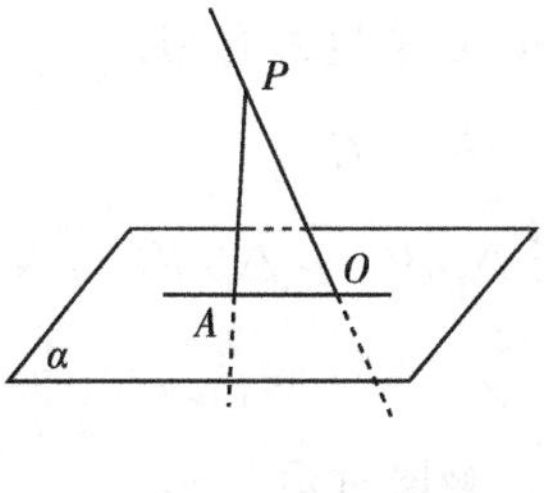

［提示］需要 $PA \perp \alpha$，A 为垂足，OA 为斜线 PO 的射影，这样 $\angle POA$ 就是斜线 PO 与平面 α 所成的角。

（2）空间几何体中，确定线面角的关键是什么？

［提示］在空间几何体中确定线面角时，过斜线上一点向平面作垂线，确定垂足位置是关键，垂足确定，则射影确定，线面角确定。

巩固加强二

1. 如图，AB 是圆 O 的直径，PA 垂直于圆 O 所在的平面，M 是圆周上任意一点，$AN \perp PM$，垂足为 N。

求证：$AN \perp$ 平面 PBM。

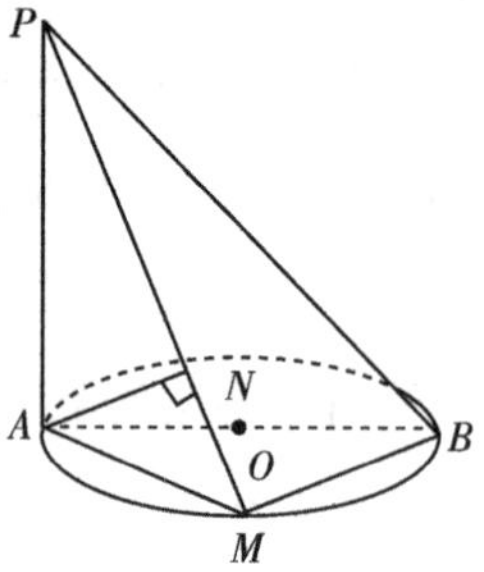

［证明］设圆 O 所在的平面为 α，

$\because PA \perp \alpha$，且 $BM \subset \alpha$，

$\therefore PA \perp BM$。

又$\because AB$ 为圆 O 的直径，点 M 为圆周上一点，

$\therefore AM \perp BM$。由于直线 $PA \cap AM = A$，

$\therefore BM \perp$ 平面 PAM，而 $AN \subset$ 平面 PAM，

$\therefore BM \perp AN$，

$\therefore AN$ 与 PM、BM 两条相交直线互相垂直，

故 $AN \perp$ 平面 PBM。

2. 在正方体 $ABCDA_1B_1C_1D_1$ 中,

(1) 求直线 A_1C 与平面 $ABCD$ 所成的角的正切值;

(2) 求直线 A_1B 与平面 BDD_1B_1 所成的角。

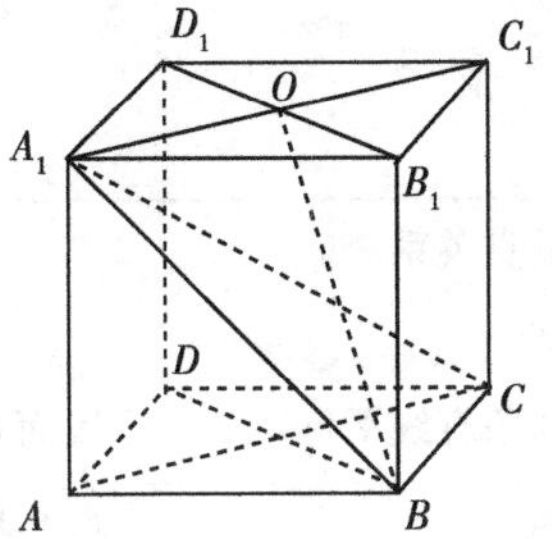

[证明] (1) $\because$ 直线 $A_1A \perp$ 平面 $ABCD$,

$\therefore \angle A_1CA$ 为直线 A_1C 与平面 $ABCD$ 所成的角,

设 $A_1A=1$, 则 $AC=\sqrt{2}$,

$\therefore \tan\angle A_1CA=\dfrac{\sqrt{2}}{2}$。

(2) 连接 A_1C_1 交 B_1D_1 于 O (见题图),

在正方形 $A_1B_1C_1D_1$ 中, $A_1C_1 \perp B_1D_1$,

$\because BB_1 \perp$ 平面 $A_1B_1C_1D_1$, $A_1C_1 \subset$ 平面 $A_1B_1C_1D_1$,

$\therefore BB_1 \perp A_1C_1$,

又 $\because BB_1 \cap B_1D_1=B_1$,

$\therefore A_1C_1 \perp$ 平面 BDD_1B_1, 垂足为 O,

$\therefore \angle A_1BO$ 为直线 A_1B 与平面 BDD_1B_1 所成的角。

$\because$ 在 $\mathrm{Rt}\triangle A_1BO$ 中, $A_1O=\dfrac{1}{2}A_1C_1=\dfrac{1}{2}A_1B$,

$\therefore \angle A_1BO=30^\circ$,

即 A_1B 与平面 BDD_1B_1 所成的角为 30°。

(3) 平面与平面垂直

思考1：两个平面垂直，则一个平面内的任何一条直线都垂直于另一个平面吗?

[提示] 不一定，只有在一个平面内垂直于交线的直线才垂直于另一个平面。

思考2：如果 $\alpha\perp\beta$，则 α 内的直线必垂直于 β 内的无数条直线吗?

[提示] 正确。若设 $\alpha\cap\beta=l$，$a\subset\alpha$，$b\subset\beta$，$b\perp l$，则 $a\perp b$，故 β 内与 b 平行的无数条直线均垂直于 α 内的任意直线。

巩固加强三

如图所示，在四面体 $ABCS$ 中，已知 $\angle BSC=90°$，$\angle BSA=\angle CSA=60°$，又 $SA=SB=SC$。

求证：平面 $ABC\perp$ 平面 SBC。

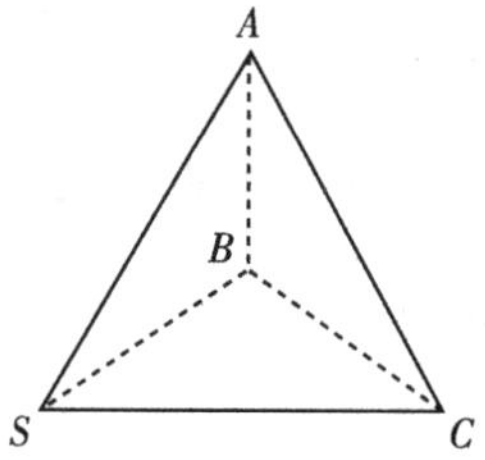

[证明] (1) 法一：(利用定义证明)

$\because$ $\angle BSA=\angle CSA=60°$，$SA=SB=SC$，

$\therefore$ $\triangle ASB$ 和 $\triangle ASC$ 是等边三角形，

$\therefore$ $SA=SB=SC=AB=AC$，

令其值为 a，则 $\triangle ABC$ 和 $\triangle SBC$ 为共底边 BC 的等腰三角形。

取 BC 的中点 D，如图所示，

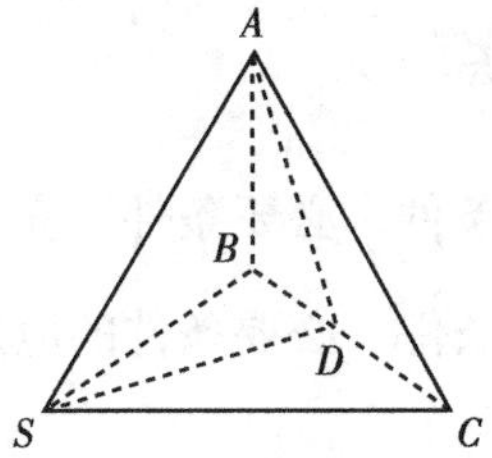

连接 AD、SD，则 $AD\perp BC$、$SD\perp BC$，

$\therefore \angle ADS$ 为二面角 $ABCS$ 的平面角。

在 $\mathrm{Rt}\triangle BSC$ 中，$\because SB=SC=a$，

$\therefore SD=\dfrac{\sqrt{2}}{2}a$，$BD=\dfrac{BC}{2}=\dfrac{\sqrt{2}}{2}a$。

在 $\mathrm{Rt}\triangle ABD$ 中，$AD=\dfrac{\sqrt{2}}{2}a$，

在 $\triangle ADS$ 中，$\because SD^2+AD^2=SA^2$，

$\therefore \angle ADS=90°$，

即二面角 $ABCS$ 为直二面角，

故平面 $ABC\perp$ 平面 SBC。

(2) 法二：(利用判定定理)

证明 $AD\perp$ 平面 SBC。

又 $\because AD\subset$ 平面 ABC，

$\therefore$ 平面 $ABC\perp$ 平面 SBC。

(三) 课堂小结

(1) 三种空间角。

(2) 空间的垂直关系有直线与直线垂直、直线与平面垂直、平面与平面垂直。它们之间存在相互转化关系。

思想方法：类比思想，转化思想。

直线与直线垂直 $\underset{\text{性质}}{\overset{\text{判定}}{\rightleftharpoons}}$ 直线与平面垂直 $\underset{\text{性质}}{\overset{\text{判定}}{\rightleftharpoons}}$ 平面与平面垂直

（四）作业

课下检测。

（五）板书设计

空间中直线、平面的垂直关系 1. 线面垂直的性质定理 垂直于同一个平面的两条直线平行 2. 面面垂直的性质定理 两个平面垂直，则一个平面内垂直于交线的直线与另一个平面垂直	线面垂直性质探究相关图形和猜想板演区
问题解答板演区	

"充分条件与必要条件"教学设计

一、知识目标

1. 理解充分条件、必要条件与充要条件的意义。

2. 结合具体命题掌握判断充分条件、必要条件、充要条件的方法。

3. 能够利用充分条件、必要条件的概念进行简单的实际应用。

二、核心素养

1. 数学抽象：充分条件、必要条件与充要条件含义的理解。

2. 逻辑推理：通过命题的判定得出充分条件、必要条件的含义，通过定义或集合关系进行充分条件、必要条件、充要条件的判断。

3. 数学运算：利用充分、必要条件求参数的范围，常见于一元二次方程及其不等式和不等式组。

4. 数据分析：通过对充分条件、必要条件概念的理解和运用，培养学生分析、判断和归纳的逻辑思维能力。

三、教学重难点

教学重点：充分条件、必要条件、充要条件的概念。

教学难点：充分条件、必要条件的应用。

四、学习过程

（一）预习导入

阅读课本第 17 ~ 22 页，并填写。

1. 充分条件与必要条件

命题真假	"若 p，则 q" 是真命题	"若 p，则 q" 是假命题
推出关系	p ______ q	p ______ q
条件关系	p 是 q 的______条件 q 是 p 的______条件	p 不是 q 的______条件 q 不是 p 的______条件

思考：（1）p 是 q 的充分条件与 q 是 p 的必要条件所表示的推出关系是否相同？

（2）以下五种表述形式：①$p\Rightarrow q$；②p 是 q 的充分条件；③q 的充分条件是 p；④q 是 p 的必要条件；⑤p 的必要条件是 q。这五种表述形式等价吗？

2. 充要条件

一般地，如果既有 $p\Rightarrow q$，又有 $q\Rightarrow p$，就记作 $p\Leftrightarrow q$。此时，我们说 p 是 q 的__________，简称__________。显然，如果 p 是 q 的充要条件，那么 q 也是 p 的充要条件，即如果 $p\Leftrightarrow q$，那么 p 与 q 互为充要条件。概括地说，①如果 $p\Leftrightarrow q$，那么 p 与 q __________条件。②若 $p\Rightarrow q$，但 $q\nRightarrow p$，则称 p 是 q 的充分不必要条件。③若 $q\Rightarrow p$，但 $p\nRightarrow q$，则称 p 是 q 的必要不充分条

件。④若 $p \nRightarrow q$，且 $q \nRightarrow p$，则称 p 是 q 的既不充分也不必要条件。

3. 从集合角度看充分、必要条件，对于集合 $A=\{x \mid x$ 满足条件 $p\}$，$B=\{x \mid x$ 满足条件 $q\}$

若 $A \subseteq B$，则 p 是 q 的充分条件，若 A ______ B，则 p 是 q 的充分不必要条件	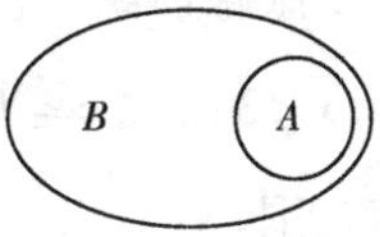
若 $B \subseteq A$，则 p 是 q 的必要条件，若 B ______ A，则 p 是 q 的必要不充分条件	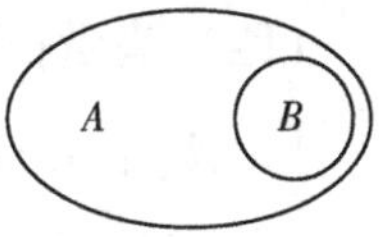
若 A ______ B，则 p，q 互为充要条件	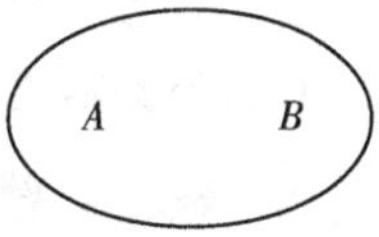
若 A ______ B，且 B ______ A，则 p 既不是 q 的充分条件，也不是 q 的必要条件	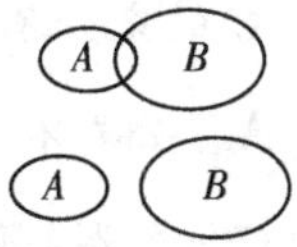

（二）预习自测

1. 判断（正确的打“√”，错误的打“×”）

（1）若 p 是 q 的必要条件，则 q 是 p 的充分条件。（　　）

（2）若 q 是 p 的必要条件，则 q 成立，p 也成立。（　　）

（3）“两角不相等”是“两角不是对顶角”的必要条件。（　　）

2. 做一做（请把正确的答案写在横线上或括号里）

（1）若 p 是 q 的充分条件，q 是 r 的充分条件，则 p 是 r 的________条件。

（2）“$a>0$，$b>0$”是“$ab>0$”的________条件。

（3）“若 p，则 q”的逆命题为真，则 p 是 q 的____条件。

（4）“$x>2$”是“$x^2-3x+2>0$”成立的（　　）。

A. 充分不必要条件　　　　B. 必要不充分条件

C. 充分必要条件　　　　　D. 既不充分也不必要条件

（三）新知探求

题型一：充分条件、必要条件、充要条件的判断

例1　指出在下列各题中，p 是 q 的什么条件（在“充分不必要条件”“必要不充分条件”“充要条件”“既不充分也不必要条件”中选出一种作答）。

（1）在$\triangle ABC$中，p：$\angle A>\angle B$，q：$BC>AC$；

（2）对于实数 x、y，p：$x+y\neq 8$，q：$x\neq 2$ 或 $y\neq 6$；

（3）p：$(a-2)(a-3)=0$，q：$a=3$；

（4）p：$a<b$，q：$\frac{a}{b}<1$。

解题技巧：充分条件与必要条件的判断方法。

（1）定义法。

若 $p\Rightarrow q$，$q\nRightarrow p$，则 p 是 q 的充分不必要条件；若 $p\nRightarrow q$，$q\Rightarrow p$，则 p 是 q 的必要不充分条件；

若 $p\Rightarrow q$，$q\Rightarrow p$，则 p 是 q 的充要条件；若 $p\nRightarrow q$，$q\nRightarrow p$，则 p 是 q 的既不充分也不必要条件。

（2）集合法。

对于集合 $A=\{x\mid x$ 满足条件 $p\}$，$B=\{x\mid x$ 满足条件 $q\}$，具体情况如下：

若 $A\subseteq B$，则 p 是 q 的充分条件；若 $A\supseteq B$，则 p 是 q 的必要条件。

若 $A=B$，则 p 是 q 的充要条件；若 $A\subsetneq B$，则 p 是 q 的充

分不必要条件。

若 $B \subsetneqq A$，则 p 是 q 的必要不充分条件。

跟踪训练 设 a、b 是实数，则“$a>b$”是“$a^2>b^2$”的（　　）。

A. 充分不必要条件　　B. 必要不充分条件

C. 充分必要条件　　D. 既不充分也不必要条件

题型二：充分条件、必要条件的探求

例 2 “$x^2-4x<0$”的一个充分不必要条件为（　　）。

A. $0<x<4$　　B. $0<x<2$

C. $x>0$　　D. $x<4$

跟踪训练 不等式 $x(x-2)<0$ 成立的一个必要不充分条件是（　　）。

A. $x\in(0,2)$　　B. $x\in[-1,+\infty)$

C. $x\in(0,1)$　　D. $x\in(1,3)$

解题要点： 充分理解充分条件、必要条件的含义。

题型三：利用充分、必要条件求参数的范围

例 3 已知 p：$x^2-8x-20\leqslant 0$，q：$x^2-2x+1-m^2\leqslant 0$ $(m>0)$，且 p 是 q 的充分不必要条件，则实数 m 的取值范围为________。

变式［变条件］ 本例（例 3）中“p 是 q 的充分不必要条件”改为“p 是 q 的必要不充分条件”，其他条件不变，试求 m 的取值范围。

解题技巧： 利用充分、必要、充分必要条件的关系求参数范围。

（1）化简 p、q 两命题；

（2）将 p 与 q 的关系（充分、必要、充要条件）转化为集合间的关系；

（3）利用集合间的关系建立不等关系；

（4）求解参数范围。

跟踪训练 已知 $P=\{x\mid a-4<x<a+4\}$，$Q=\{x\mid 1<x<3\}$，“$x\in P$”是“$x\in Q$”的必要条件，求实数 a 的取值范围。

（四）当堂检测

1. 设 p：$x<3$，q：$-1<x<3$，则 p 是 q 成立的（　　）。

A. 充分必要条件　　B. 充分不必要条件

C. 必要不充分条件　　D. 既不充分也不必要条件

2. 如果 A 是 B 的必要不充分条件，B 是 C 的充要条件，D 是 C 的充分不必要条件，那么 A 是 D 的（　　）。

A. 必要不充分条件　　B. 充分不必要条件

C. 充要条件　　D. 既不充分也不必要条件

（五）课下作业

1. 下面四个条件中，使 $a>b$ 成立的充分不必要条件是（　　）

A. $a\geqslant b+1$　　B. $a>b-1$

C. $a^2>b^2$　　D. $a^3>b^3$

2. 条件 p：$1-x<0$，条件 q：$x>a$，若 p 是 q 的充分不必要条件，则 a 的取值范围是______。

3. 下列说法正确的是______。（填序号）

①“$x>0$”是“$x>1$”的必要条件；②“$a^3>b^3$”是“$a>b$”的必要而不充分条件；③在 $\triangle ABC$ 中，“$a>b$”不是

"$A>B$" 的充分条件。

4. 下列命题中，判断条件 p 是条件 q 的什么条件。

（1）p：$|x|=|y|$，q：$x=y$；

（2）p：$\triangle ABC$ 是直角三角形，q：$\triangle ABC$ 是等腰三角形；

（3）p：四边形的对角线互相平分，q：四边形是矩形。

5. 已知 p：$x^2-2x-3<0$，若 $-a<x-1<a$ 是 p 的一个必要条件但不是充分条件，求实数 a 的取值范围。

“二次函数与一元二次方程、不等式”教学设计

一、课程解读

新课程标准解读	核心素养
1. 经历从实际情境中抽象出一元二次不等式的过程，了解一元二次不等式的现实意义	数学抽象
2. 能够借助一元二次函数求解一元二次不等式，并能用集合表示一元二次不等式的解集	数学抽象、数学运算
3. 借助一元二次函数的图像，了解一元二次不等式与相应函数、方程的联系	直观想象

二、教学重难点

重点：一元二次不等式的解法。

难点：二次函数与一元二次方程、不等式的联系。

三、读教材——知识梳理

（一）情境导入

给出下面四个不等式：

(1) $x^2-x-6>0$;

(2) $x^2-x-6\leqslant 0$;

(3) $x^2-4x+4\geqslant 0$;

(4) $2x^2+x+5<0$。

问题：这四个不等式的共同点是什么？

（二）新知初探

知识点一　一元二次不等式

定义	只含有一个未知数，并且未知数的最高次数是2的不等式，称为一元二次不等式
一般形式	$ax^2+bx+c>0$，$ax^2+bx+c<0$，$ax^2+bx+c\geqslant 0$，$ax^2+bx+c\leqslant 0$，其中 $a\neq 0$，a、b、c 均为常数

点一点：

对一元二次不等式的再理解。

(1) 一元，即只含一个未知数，其他元素均为常数（或参数）；

(2) 二次，即未知数的最高次数必须为2，且其系数不能为0。

知识点二　二次函数与一元二次方程、不等式的解的对应关系

判别式 $\Delta=b^2-4ac$	$\Delta>0$	$\Delta=0$	$\Delta<0$
$y=ax^2+bx+c$ ($a>0$) 的图像	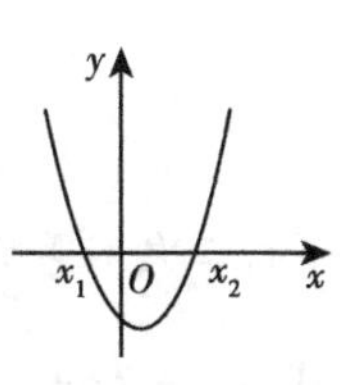	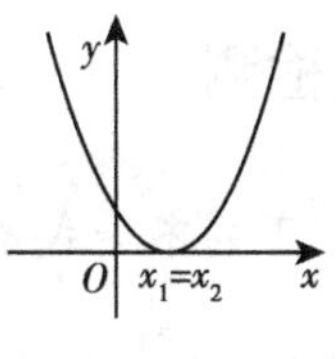	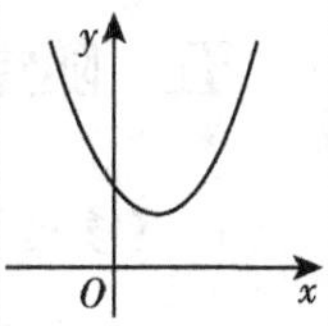

续表

判别式 $\Delta=b^2-4ac$	$\Delta>0$	$\Delta=0$	$\Delta<0$
$ax^2+bx+c=0$ ($a>0$) 的根	有两个不相等的实数根 x_1，x_2 ($x_1<x_2$)	有两个相等的实数根 $x_1=x_2=-\frac{b}{2a}$	没有实数根
$ax^2+bx+c>0$ ($a>0$) 的解集	—	—	—
$ax^2+bx+c<0$ ($a>0$) 的解集	—	—	—

知识点三　二次函数的零点

一般地，对于二次函数 $y=ax^2+bx+c$，我们把使________的实数 x 叫作二次函数 $y=ax^2+bx+c$ 的“零点”。

点一点：

三个“二次”关系的实质

(1) $ax^2+bx+c=0$ 的解$\Leftrightarrow y=ax^2+bx+c$ 的图像与 x 轴交点的横坐标，即零点；

(2) $ax^2+bx+c>0$ 的解集$\Leftrightarrow y=ax^2+bx+c$ 的图像上的点 (x, y) 在 x 轴上方时，对应 x 的取值集合；

(3) $ax^2+bx+c<0$ 的解集$\Leftrightarrow y=ax^2+bx+c$ 的图像上的点 (x, y) 在 x 轴下方时，对应 x 的取值集合。

四、研题型——典例精析

题型一：不含参数的一元二次不等式的解法

例1（链接教科书第52页例1、例2、例3）解下列不等式：

(1) $2x^2+5x-3<0$；

（2） $-3x^2+6x\leqslant 2$；

（3） $4x^2+4x+1>0$；

（4） $-x^2+6x-10>0$。

［通性通法］解不含参数的一元二次不等式的一般步骤。

（1）化标准；

（2）判别式；

（3）求实根；

（4）画草图；

（5）写解集。

跟踪训练（1）不等式 $-2x^2+x+3<0$ 的解集是（　　）。

A. $\{x \mid x<-1\}$　　B. $\left\{x \middle| x>\frac{3}{2}\right\}$

C. $\left\{x \middle| -1<x<\frac{3}{2}\right\}$　　D. $\left\{x \middle| x<-1 \text{ 或 } x>\frac{3}{2}\right\}$

（2）解不等式 $-2<x^2-3x\leqslant 10$。

题型二：含参数的一元二次不等式的解法

例 2　解关于 x 的不等式 $ax^2-(a+1)x+1<0$，$(a<1)$。

［通性通法］含参数的一元二次不等式的解法。

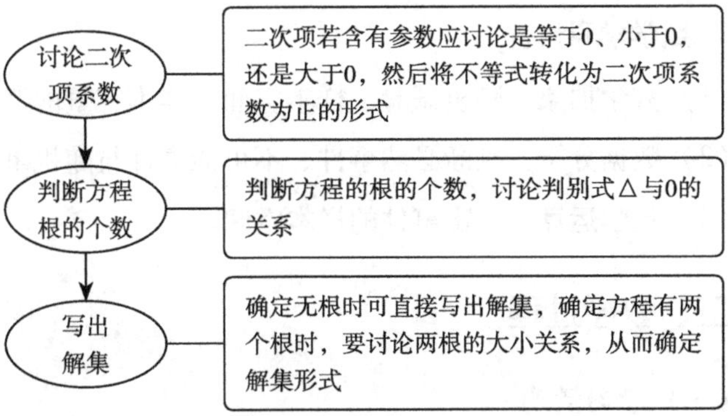

跟踪训练　解关于 x 的不等式 $x^2+(1-a)x-a<0$。

题型三：三个“二次”之间的关系

例3 已知关于 x 的不等式 $x^2+ax+b<0$ 的解集为 $\{x|1<x<2\}$，求关于 x 的不等式 $bx^2+ax+1>0$ 的解集。

［通性通法］一元二次不等式解集逆向应用问题的解法及步骤。

（1）求解方法：由已知不等式的解可转化为一元二次方程的两根，从而由根与系数的关系，找出系数 a、b、c 之间的关系，写出不等式的解集。

（2）求解步骤

第一步：审结论——明确解题方向：如要解 $cx^2+bx+a<0$，首先确定 c 的符号，最好能确定 a、b、c 的值；

第二步：审条件——挖掘题目信息：利用一元二次方程的根与一元二次不等式的解集的关系列出关于 a、b、c 的方程组，用 a 表示 b、c；

第三步：建联系——找解题突破口：由给定不等式的解集形式→确定关于 a、b、c 的方程组→用 a 表示 b、c→代入所求不等式→求解 $cx^2+bx+a<0$ 的解集。

跟踪训练 关于 x 的不等式 $ax-b>0$ 的解集是 $\{x|x>1\}$，则关于 x 的不等式 $(ax+b)(x-3)>0$ 的解集是（　　）。

A. $\{x|-1<x<3\}$　　B. $\{x|1<x<3\}$

C. $\{x|x<1 \text{ 或 } x>3\}$　　D. $\{x|x<-1 \text{ 或 } x>3\}$

五、随堂检测

1.（多选）下列不等式是一元二次不等式的是（　　）。

A. $x^2+\sqrt{2}x<-1$　　B. $x^2+\sqrt{x}+1<0$

C. $x^2+\frac{3}{x}+1<0$　　D. $x^2+1<0$

2. 若不等式 $(x-a)(x-b)<0$ 的解集为 $\{x \mid 1<x<2\}$，则 $a+b$ 的值为（　　）。

A. 3　　B. 1

C. -3　　D. -1

3. 不等式 $-x^2-3x+4>0$ 的解集为________。

4. 解下列不等式：

（1）$x(7-x)\geqslant 12$；

（2）$x^2>2(x-1)$。

六、作业

做课后复习学案。

“有限样本空间与随机事件”教学设计

一、学习目标

1. 结合具体实例

（1）了解随机试验的概念及特点。

（2）理解样本点和有限样本空间的含义，理解随机事件与样本点的关系。

（3）会用集合语言表示一个随机试验的样本空间与随机事件。

（4）会判断随机事件、必然事件、不可能事件。

2. 数学学科素养

（1）数学抽象：随机试验、样本空间、样本容量的概念。

（2）数据分析：判断必然事件、不可能事件与随机事件。

（3）数学运算：写出事件的样本空间。

二、教学过程

（一）学习活动一

观察以下在生活中的实例，结合教材，总结随机试验的

特点：

（1）抛掷一枚硬币，观察正面、反面出现的情况。

（2）买一注福利彩票，观察中奖、不中奖的情况。

（3）在一批灯管中任意抽取一只，测试它的寿命。

思考：

（1）在体育彩票摇奖时，将 10 个质地和大小完全相同，分别标号为 0、1、2、3、…、9 的球放入摇奖器中，经过充分搅拌后摇出一个球，观察这个球的号码。这个随机试验共有多少个可能结果？

（2）如何表示这些结果？

概念生成：

	定义	字母表示
样本点	我们把随机试验 E 的____称为“样本点”	用______表示样本点
样本空间		用______表示样本空间
有限样本空间		$\Omega=\{\omega_1, \omega_2, \cdots\cdots, \omega_n\}$

规律方法：

（1）如何确定试验的样本空间？

____

____

（2）写试验的样本空间要注意什么？

____

____

我们常采用树状图、列表法、列举法写出所有的样本点。

（二）学习活动二

在体育彩票摇号试验中，样本空间 $\Omega=\{0,1,2,3,4,5,6,7,8,9\}$。

思考：

（1）集合 $\{1,3,5,7,9\}$ 有没有意义？在一次体育彩票摇号试验中，集合 $\{1,3,5,7,9\}$ 一定会出现吗？

____

____

（2）在一次体育彩票摇号试验中 $\Omega=\{0,1,2,3,4,5,6,7,8,9\}$ 的所有子集都有意义吗？是否会发生？

____

____

三种事件的定义：

随机事件	
必然事件	
不可能事件	

规律方法：理解样本点与样本空间以及随机事件。

（1）由于随机试验的所有结果是明确的，从而样本点也是明确的。

（2）随机试验、样本空间与随机事件的关系：随机试验→样本空间→随机事件。

（三）学习活动三：典例分析

题型一：样本空间

例1 抛掷一枚硬币，观察它落地时哪一面朝上，写出试验的样本空间。

例2 抛掷一枚骰子，观察它落地时朝上的面的点数，写出试验的样本空间。

例3 抛掷两枚硬币，观察它们落地时朝上的面的情况，写出试验的样本空间。

例4 如图，一个电路中有 A、B、C 三个电器元件，每个元件可能正常，也可能失效。把这个电路是否为通路看成一个随机现象，观察这个电路中各元件是否正常。

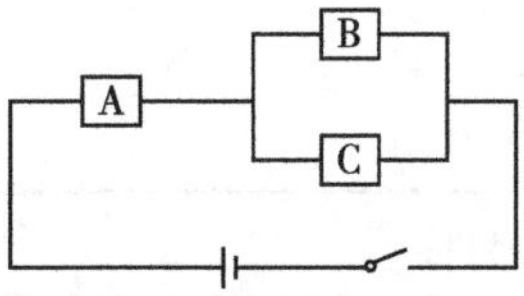

（1）写出试验的样本空间；

（2）用集合表示下列事件：

M＝“恰好两个元件正常”；

N＝“电路是通路”；

T＝“电路是断路”。

题型二：事件的判断

例5 （1）某地1月1日刮西北风；

（2）当 x 是实数时，$x^2+1\geqslant1$；

（3）手电筒的电池没电，灯泡发亮；

（4）一个电影院某天的上座率超过50%；

（5）如果 $a>b$，那么 $a-b>0$；

（6）从分别标有数字1、2、3、4、5的5张标签中任取一张，抽到4号签；

（7）某电话机在1分钟内收到2次呼叫；

（8）随机选取一个实数x，得$|x|<0$。

规律方法：

（1）____

____

（2）____

____

（四）学习活动四：课堂练习

练习1　由A、B两个元件组成串联电路和并联电路，观察两个元件正常或者失效的情况。

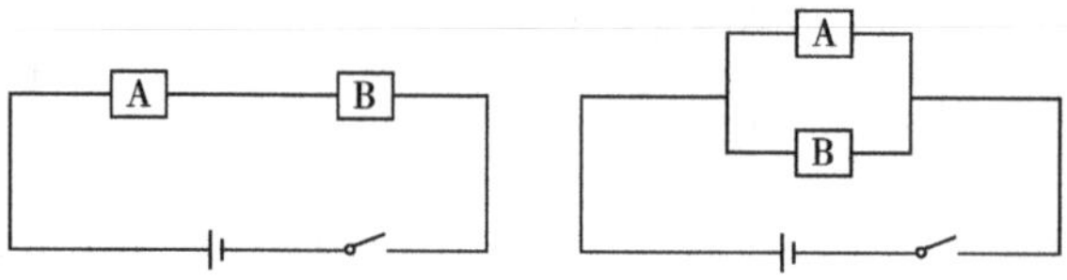

（1）写出试验的样本空间；

（2）对串联电路，写出事件M＝“电路是通路”包含的样本点；

（3）对并联电路，写出事件N＝“电路是断路”包含的样本点。

练习2　袋子中有9个大小和质地相同的球，标号为1、2、3、4、5、6、7、8、9，从中随机摸出一个球。

（1）写出试验的样本空间；

（2）用集合表示事件A＝“摸到球的号码小于5”，事件B＝“摸到球的号码大于4”，事件C＝“摸到球的号码是偶数”。

练习3 从6个篮球、2个排球中任选3个球，则下列事件中，不可能事件是（　　）。

A. 3个都是篮球　　B. 至少有1个是排球

C. 3个都是排球　　D. 至少有1个是篮球

（五）课堂小结

（1）____

____

（2）____

____

“余弦定理、正弦定理”教学设计

做数学的艺术在于找到一个特例，其中隐含了所有推广的胚芽。

——大卫·希尔伯特

一、学习目标

素养目标	学科素养
1. 了解余弦定理的推导过程 2. 掌握余弦定理的几种变形公式及应用 3. 能利用余弦定理求解三角形的边、角等问题	1. 数学运算 2. 数学抽象 3. 逻辑推理

二、自主学习

（一）余弦定理

文字语言	三角形中任何一边的______，等于其他两边______减去这两边与它们夹角的______
符号语言	$a^2=$______；$b^2=$______；$c^2=$______
推论	$\cos A=$______；$\cos B=$______；$\cos C=$______

（二）余弦定理及其推论的应用

1. 利用余弦定理的变形判定角

在$\triangle ABC$中，$c^2=a^2+b^2 \Leftrightarrow C$为______；$c^2>a^2+b^2 \Leftrightarrow C$为______；$c^2<a^2+b^2 \Leftrightarrow C$为______。

2. 应用余弦定理我们可以解决两类解三角形问题

（1）已知三边，求______。

（2）已知______及______，求第三边和其他两个角。

三、小试牛刀

1. 思维辨析（对的打"√"，错的打"×"）

（1）余弦定理揭示了任意三角形边角之间的关系，因此，它适应于任何三角形。（　　）

（2）在$\triangle ABC$中，已知两边和其夹角时，$\triangle ABC$不唯一。（　　）

（3）在$\triangle ABC$中，若$b^2+c^2>a^2$，则$\angle A$为锐角。（　　）

（4）在$\triangle ABC$中，已知三个元素可求其余三个元素。（　　）

2. 在$\triangle ABC$中，已知$a^2=b^2+c^2+bc$，则角A等于（　　）。

A. 60°　　B. 45°

C. 120°　　D. 30°

四、课内探究

题型一：已知两边及一角解三角形

例1　在$\triangle ABC$中，已知$b=3$，$c=2\sqrt{3}$，$A=30°$，求a。

例2　在$\triangle ABC$中，已知$b=3$，$c=3\sqrt{3}$，$B=30°$，解这个三角形。

题型二：已知三边（三边关系）解三角形

例3 在$\triangle ABC$中，已知$a=2\sqrt{6}$，$b=6+2\sqrt{3}$，$c=4\sqrt{3}$，求A、B、C的大小。

例4 已知$\triangle ABC$中，$a:b:c=2:\sqrt{6}:(\sqrt{3}+1)$，求$\triangle ABC$的各内角度数。

题型三：判断三角形的形状

例5 在$\triangle ABC$中，若$b^2\sin 2C+c^2\sin 2B=2bc\cos B\cdot\cos C$，试判断$\triangle ABC$的形状。

[对点练习]

1. 在$\triangle ABC$中，角A、B、C的对边分别为a、b、c，若$\frac{c^2-a^2-b^2}{2ab}>0$，则$\triangle ABC$（　　）

A. 一定是锐角三角形　　B. 一定是直角三角形

C. 一定是钝角三角形　　D. 是锐角或直角三角形

2. 在$\triangle ABC$中，$a\cos A+b\cos B=c\cos C$，试判断$\triangle ABC$的形状。

五、课后巩固

1. $\triangle ABC$的内角A、B、C的对边分别为a、b、c，已知$a=3$，$c=1$，$\cos(A+C)=-\frac{1}{2}$，则$b=$（　　）。

A. $\sqrt{7}$　　B. $\sqrt{13}$

C. 3　　D. $\sqrt{19}$

2. 在$\triangle ABC$中，已知$A=30°$，且$3a=\sqrt{3}b=12$，则c的值为（　　）。

A. 4　　　　B. 8

C. 4或8　　　　D. 无解

3. 在$\triangle ABC$中，$\cos C=\frac{3}{5}$，$BC=1$，$AB=4\sqrt{2}$，则$AC=$（　　）。

A. $\frac{31}{5}$　　　　B. 5

C. $\frac{25}{4}$　　　　D. 6

4. 在$\triangle ABC$中，角A、B、C的对边分别为a、b、c，若$\frac{a}{\cos A}=\frac{b}{\cos B}$，$c^2=a^2+b^2-ab$，则$\triangle ABC$是（　　）。

A. 钝角三角形　　　　B. 等边三角形

C. 直角三角形　　　　D. 等腰直角三角形

5. 在$\triangle ABC$中，若$(a+c)(a-c)=b(b-c)$，则A等于（　　）。

A. 90°　　　　B. 60°

C. 120°　　　　D. 150°

6. 在$\triangle ABC$中，角A、B、C所对边的长分别为a、b、c。若$a=2$，$\cos B=\frac{\pi}{6}$，$c=2\sqrt{3}$，则$b=$______。

7. 已知$\triangle ABC$的三边之比为$\sqrt{7}:2:1$，求最大内角的度数。

8. 在$\triangle ABC$中，已知$a=2x\sqrt{3}$，$b=3$，$\angle C=30°$，解此三角形。

“直线与圆的位置关系（习题课）”教学设计

一、教学目标

1. 知识与技能

在学生理解直线与圆的三种位置关系的基础上，掌握直线与圆的各位置关系所表现的数量特征。

2. 过程与方法

（1）指导学生从回顾直线与圆的相对运动中研究直线与圆的位置关系，培养学生分类思想。

（2）通过直线与圆的位置关系，研究直线与圆位置关系中的数量问题，培养学生联想、类比、推理能力，以及化归、数形结合等数学思想。

3. 情感、态度价值观

（1）指导学生从不同题目中揭示直线与圆的不同位置关系，培养学生的辩证唯物主义观。

（2）通过本节课学习，使学生进一步感受直线与圆的位置关系所表现的距离美和对称美。同时让学生认识到数学美在

自然生活中的体现。

二、教学重难点

重点：直线与圆的三种位置关系的性质和判定的应用。

难点：直线与圆的三种位置关系的研究及运用。

三、教学方法

运用多媒体手段，创设问题情境，增强内容趣味性，让学生积极主动地参与动手、探索；科学合理地安排练习，加强对知识的消化、巩固、提升，做好对学生学习目标的检验工作。

四、教学过程

（一）复习回顾

判断直线与圆位置关系的方法。

代数方法：____

____

几何方法：____

____

（二）直线和圆的位置关系的应用

1. 弦长问题

例1 已知过点 M（0，4）的直线被圆 $(x-1)^2+y^2=4$ 所截得的弦长为4，求直线的方程。

变式 已知过点 M（0，4）的直线被圆 $x^2+y^2-2x-3=0$ 所截得的弦长为 $2\sqrt{3}$，求直线的方程。

思路总结：________________________________

____

2. 切线问题

例2 求经过点 P（1，-7）与圆 $x^2+y^2=25$ 相切的直线方程。

变式 求经过点 P（1，-7）与圆 $x^2+y^2=50$ 相切的直线方程。

深入思考：若点 P（x_0，y_0）在圆 $x^2+y^2=r^2$ 上，求过点 P 的切线方程，是否有一个一般结论呢？

思路总结：________________________________

____

3. 求待定量取值问题

例3 已知直线 $y=x+b$ 与圆 $x^2+y^2=1$，当实数 b 取何值时直线与圆相交、相切、相离？

变式 已知直线 $y=k(x-2)$ 与曲线 $x^2+y^2=1$ 有公共点，求实数 k 取值范围。

思路总结：________________________________

____

（三）巩固提高

A组：基础题

1. 直线 $x-1=0$ 被圆 $x^2+y^2=4$ 所截得的弦长为________。

2. 经过（3，4）点与圆 $x^2+y^2=25$ 相切的直线方程为________。

3. 实数 x、y 满足 $(x-2)^2+y^2=1$，则 $\frac{y}{x}$ 的取值范围

是________。

B 组：提高题

1. 经过 A（2，4）点的直线被圆 $(x-1)^2+y^2=4$ 截得的弦长为 $2\sqrt{3}$，则此直线方程为________。

2. 圆心在原点且与直线 $x+y-2=0$ 相切的圆的方程是________。

3. 若直线 $y=x+b$ 与 $y=3-\sqrt{4x-x^2}$ 有公共点，则实数 b 的取值范围为________。

（四）当堂总结

这节课你学到了什么？

____

____

____

____

____

"直线的倾斜角与斜率"教学设计

一、预习学案

新课程标准解读	核心素养
1. 在平面直角坐标系中，结合具体图形，探索确定直线位置的几何要素	数学抽象
2. 理解直线的倾斜角和斜率的概念，经历用代数方法刻画直线斜率的过程，掌握过两点的直线斜率的计算公式	直观想象、数学运算

二、教学过程

（一）情境导入

经过平面直角坐标系中的一点，可以有无数条不同的直线。

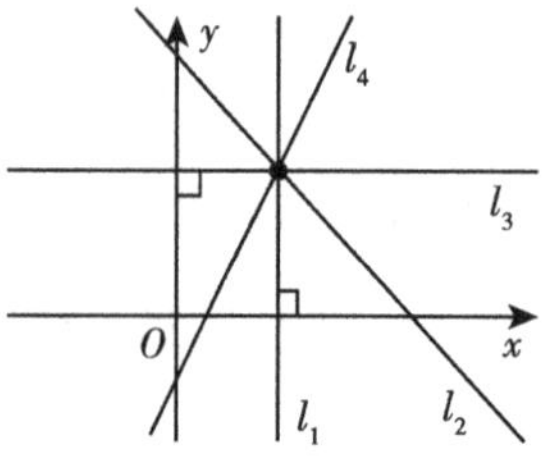

问题　我们知道，两点可以确定一条直线，那么还有哪些量可以唯一确定直线呢？

（二）新知初探

知识点一：直线的倾斜角与斜率

1. 倾斜角的定义

当直线 l 与 x 轴相交时，我们以 x 轴为基准，x 轴________与直线 l ________的方向之间所成的角 α 叫作直线 l 的“倾斜角”。如图所示，直线 l 的倾斜角是 $\angle APx$，直线 l' 的倾斜角是 $\angle BPx$。

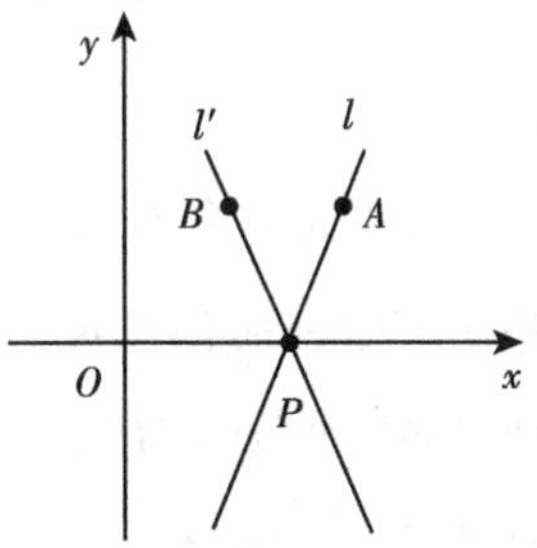

2. 倾斜角的范围

直线的倾斜角 α 的取值范围为________，并规定当直线 l 与 x 轴平行或重合时，它的倾斜角为 $0°$。

3. 斜率的定义

一条直线的倾斜角 α 的________值叫作这条直线的“斜率”。斜率常用小写字母 k 表示，即 $k=$________。

想一想：

（1）任何一条直线都有倾斜角吗？任何一条直线都有斜率吗？

（2）直线的倾斜角越大，斜率就越大吗？

题型一：直线的倾斜角

例1 （1）若直线 l 向上的方向与 y 轴正向之间所成的角为 30°，则直线 l 的倾斜角为（　　）。

A. 30°　　　　B. 60°

C. 30°或 150°　　　　D. 60°或 120°

（2）已知直线 l 经过第二、四象限，则直线 l 的倾斜角 α 的取值范围是（　　）。

A. $0° \leqslant \alpha < 90°$　　　　B. $90° \leqslant \alpha < 180°$

C. $90° < \alpha < 180°$　　　　D. $0° < \alpha < 180°$

跟踪训练 （1）（多选）设直线 l 过坐标原点，它的倾斜角为 α，如果将 l 绕坐标原点按逆时针方向旋转 45°，得到直线 l_1，那么 l_1 的倾斜角可能为（　　）。

A. $\alpha + 45°$　　　　B. $\alpha - 135°$

C. $135° - \alpha$　　　　D. $\alpha - 45°$

（2）已知直线 l_1 的倾斜角 $\alpha_1 = 15°$，直线 l_1 与 l_2 的交点为 A，直线 l_1 和 l_2 向上的方向所成的角为 120°，如图，则直线 l_2 的倾斜角为________。

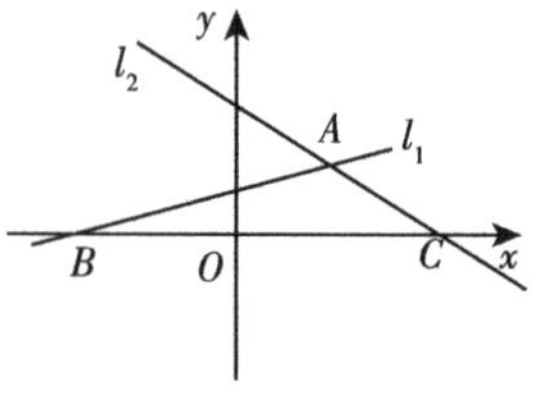

知识点二：两点的斜率公式

经过两点 P_1（x_1，y_1），P_2（x_2，y_2）（$x_1 \neq x_2$）的直线的斜率公式为 $k =$________。当 $x_1 = x_2$ 时，直线 P_1P_2 没有斜率。

题型二：直线的斜率

例2 经过下列两点的直线的斜率是否存在？如果存在，求其斜率，并指出直线的倾斜角 α。

（1）A（2，3），B（4，5）；

（2）C（-2，3），D（2，-1）；

（3）P（a，2），Q（3，6）。

跟踪训练 （1）已知过两点 A（4，y）、B（2，-3）的直线的倾斜角为135°，则 y=________。

（2）过点 P（-2，m）、Q（m，4）的直线的斜率为1，则 m=________。

知识点三：直线的方向向量

设 P_1（x_1，y_1）、P_2（x_2，y_2）（$x_1 \neq x_2$）是直线 l 上的两点，则向量 $\overrightarrow{P_1P_2}$=（x_2-x_1，y_2-y_1）以及与它平行的向量都是直线的________。若直线 l 的斜率为 k，它的一个方向向量的坐标为________。

题型三：直线的方向向量

例3 （1）已知直线 l 经过点 A（1，3）、B（-1，4），则直线的一个方向向量为________。

（2）已知一条直线的方向向量为 $\vec{a}$，则它的斜率为______。

知识点四：直线斜率与倾斜角的综合应用

题型四：直线斜率与倾斜角的综合应用

例4 （1）若 A（-2，3）、B（m，-2）、C（4，-3）三点共线，则实数 m=________。

（2）直线 l 过点 P（1，0），且与以 A（2，1）、B（0，$\sqrt{3}$）为端点的线段有公共点，则直线 l 的斜率的范围为

________，倾斜角的范围为________。

用斜率公式解决三点共线的方法 （1）斜率法和向量法 （2）数形结合的思想

跟踪训练　已知直线 l 经过点 A（1，2），且不经过第四象限，则直线 l 的斜率 k 的取值范围是（　　）。

A. $(-1, 0]$　　B. $[0, 1]$

C. $[1, 2]$　　D. $[0, 2]$

（三）随堂检测

1. 给出下列命题，其中为真命题的是（　　）。

A. 任意一条直线都有唯一的倾斜角

B. 一条直线的倾斜角可以为 $-30°$

C. 倾斜角为 $0°$ 的直线只有一条，即 x 轴

D. 若 α 是直线 l 的倾斜角，且 $\sin\alpha=\frac{\sqrt{2}}{2}$，则 $\alpha=45°$

2. 下面选项中，两点确定的直线的斜率不存在的是（　　）。

A. （4，2）与（-4，1）

B. （0，3）与（3，0）

C. （3，-1）与（2，-1）

D. （-2，2）与（-2，5）

3. 过 A（4，y）、B（2，-3）两点的直线的一个方向向量为 $n=(-1, -1)$，则 $y=$（　　）。

A. $-\frac{\sqrt{3}}{2}$　　B. $\frac{\sqrt{3}}{2}$　　C. -1　　D. 1

4. 已知点 A $(m, -m+3)$、B $(2, m-1)$、C $(-1, 4)$，直线 AC 的斜率等于直线 BC 的斜率的 3 倍，求 m 的值。

（四）小结

“直线的点斜式方程”教学设计

一、预习学案

新课程标准解读	核心素养
1. 掌握直线方程的点斜式和斜截式，并会用它们求直线的方程	数学抽象、数学运算
2. 了解直线的斜截式方程与一次函数的关系	逻辑推理
3. 会用直线的点斜式方程和斜截式方程解决直线的平行与垂直问题	数学运算、逻辑推理

二、知识梳理

（一）点斜式方程

1. 点斜式

方程 $y-y_0=k(x-x_0)$ 由直线上一个定点________及该直线的________确定，我们把它叫作直线的“点斜式方程”，简称“点斜式”。

2. 特殊的直线方程

直线 l 过定点 $P(x_0,y_0)$，

（1）当直线 l 的倾斜角为0°时，直线 l 与 x 轴平行或重合，方程为________，即________。

（2）当直线 l 的倾斜角为 90°时，直线 l 没有斜率，这时直线 l 与 y 轴平行或重合，方程为________，即________。

（二）斜截式方程

1. 截距

我们把直线 l 与 y 轴的交点（0，b）的________叫作直线 l 在 y 轴上的“截距”。

2. 斜截式方程

（1）定义：我们把方程________叫作直线的“斜截式方程”，简称“斜截式”。

（2）k 和 b 的几何意义。

k 是直线的________，b 是直线在 y 轴上的________。

[小试牛刀]

1. 根据条件写出下列直线的方程：

（1）经过点 A（-1，4），斜率 $k=-3$。

（2）经过坐标原点，倾斜角为 60°。

（3）经过点 B（-3，2），倾斜角为 135°。

（4）经过点 A（-1，1），倾斜角是直线 $y=\sqrt{3}x-2$ 的倾斜角的 2 倍的直线。

（5）倾斜角为 135°，在 y 轴上的截距为 2。

2. 无论 k 取何值，直线 $y-2=k(x+1)$ 恒过的定点是________。

三、授课学案

（一）情境引入

我们知道给定一点和一个方向可以唯一确定一条直线，这

样，在平面直角坐标系中给定一个点 P_0（x_0，y_0）和斜率 k 就能唯一确定一条直线，也就是说这条直线上任意一点 P 坐标（x，y）与点 P_0 的坐标（x_0，y_0）和斜率 k 之间的关系是完全确定的，那么这一关系如何表示呢?

思考一：已知直线 l 经过已知点 P_0（x_0，y_0），并且它的斜率是 k，P（x，y）是直线 l 上不同于点 P_0 的任意一点，那么 x、y 满足什么关系?

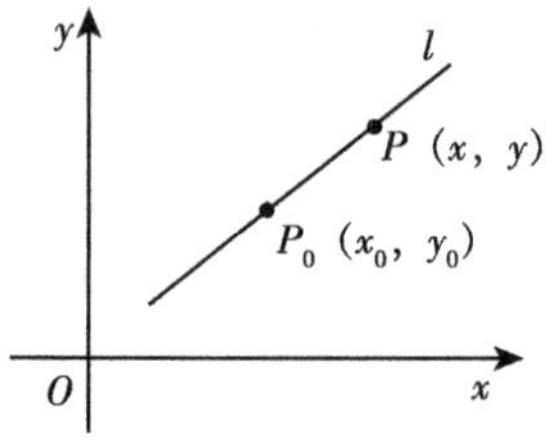

思考二：（1）当直线 l 的倾斜角为 0°时，直线 l 的方程是什么?

（2）当直线 l 的倾斜角为 90°时，直线 l 的方程如何表示?

思考三：过点 P_0（x_0，y_0）的直线 l 是不是都可以设其方程为 $y-y_0=k(x-x_0)$?

（二）新知形成

名称	已知条件	示意图	方程	使用范围
点斜式	P（x_0，y_0）和斜率 k	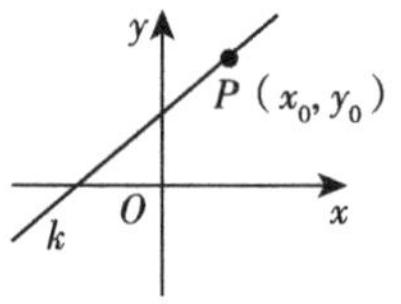	$y-y_0=k(x-x_0)$	斜率存在的直线

典型例题 1　（1）直线 l 经过点 P_0（-2，3），且倾斜角 $\alpha=45°$。求直线 l 的点斜式方程，并画出直线 l。

（2）判断正误，正确的画“√”，错误的画“×”。

①方程 $k=\frac{y-y_0}{x-x_0}$ 与 $y-y_0=k(x-x_0)$ 表示的意义相同。（　　）

②直线 $y-3=k(x+1)$ 恒过定点 $(-1, 3)$。（　　）

③经过 $P_0(x_0, y_0)$ 的任意直线方程可表示为 $y-y_0=k(x-x_0)$。（　　）

变式训练1　经过点（2，−3），倾斜角是直线 $y=-\sqrt{3}x$ 的倾斜角的一半。求该直线的点斜式方程。

思考：（1）如果斜率为 k 的直线 l 过点 $P_0(0, b)$，这时直线 l 的方程是什么？

（2）判断正误，正确的画“√”，错误的画“×”。

①直线 l 在 y 轴上的截距是直线与 y 轴的交点到原点的距离。（　　）

②所有的直线都有点斜式和斜截式方程。（　　）

典型例题2　直线 l 的斜截式方程是 $y=2x-3$，则直线 l 在 y 轴上的截距为________。

变式训练2　直线 $y=\sqrt{3}(x-\sqrt{3})$ 的斜率为________，在 y 轴上的截距为________。

想一想：

已知直线 l_1：$y=kx+b_1$，l_2：$y=kx+b_2$，试讨论：

（1）$l_1 /\!/ l_2$ 的条件是什么？

（2）$l_1 \perp l_2$ 的条件是什么？

典型例题3　直线 l_1 的倾斜角为135°，直线 l_2 经过点 $B(-1, 4)$，求满足下列条件的直线 l_2 的方程。

（1）直线 $l_2 /\!/ l_1$。

（2）直线 $l_2 \perp l_1$。

变式训练3 已知直线 l_1：$y=2x+a+1$，l_2：$y=(a^2-2)x+3$。若直线 $l_1 /\!/ l_2$，则 $a=$________。

（三）课堂小结

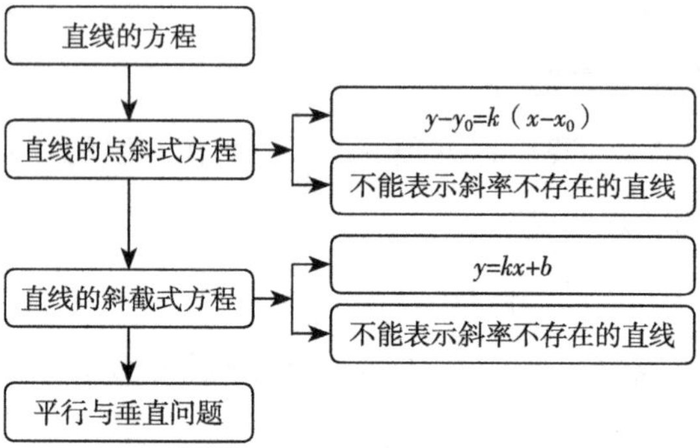

（四）当堂检测

1. 方程 $y=k(x-2)$ 表示（　　）。

A. 通过点（-2，0）的所有直线

B. 通过点（2，0）的所有直线

C. 通过点（2，0）且不垂直于 x 轴的所有直线

D. 通过点（2，0）且除去 x 轴的所有直线

2. 求满足下列条件的 a 的值。

（1）直线 l_1：$y=-x+2a$ 与直线 l_2：$y=(a^2-2)x+2$ 平行。

（2）直线 l_1：$y=(2a-1)x+3$ 与直线 l_2：$y=-x-3$ 垂直。

3. 求证：不论 m 为何值，直线 l：$y=mx+m+2$ 总过第二象限。

(五)课后作业

1. 完成四翼检测评价(十一)的基础落实部分,做得快的同学可以继续完成综合应用部分。

2. 自主预习 2.2.2 直线的两点式方程。

图书在版编目（CIP）数据

做一缕微光　伴一路成长 : 教育路上的思与行 / 李光星著. -- 北京 : 现代出版社, 2024.1
ISBN 978-7-5231-0733-1

Ⅰ. ①做… Ⅱ. ①李… Ⅲ. ①中学数学课－教学设计－高中 Ⅳ. ①G633.602

中国国家版本馆CIP数据核字(2024)第036742号

作　　者　李光星
责任编辑　邓　翊

出 版 人　乔先彪
出版发行　现代出版社
地　　址　北京市安定门外安华里504号
邮政编码　100011
电　　话　(010) 64267325
传　　真　(010) 64245264
网　　址　www.1980xd.com
印　　刷　北京政采印刷服务有限公司
开　　本　710mm×1000mm　1/16
印　　张　13.25
字　　数　200千字
版　　次　2024年1月第1版　2024年1月第1次印刷
书　　号　ISBN 978-7-5231-0733-1
定　　价　58.00元